国家社科基金一般项目“语言接触视野下的中古汉语
词汇音节形式选择机制研究”（16BYY143）阶段性成果

《佛所行赞》
词汇研究

邱冰·著

南京大学出版社

序

上个月，我十五年前在北京大学中文系任教时的学生邱冰来信，说她的博士论文终于要正式出版了。在饱受新冠肺炎肆虐、坏消息不断的2020年，这真是为数不多的一个好消息。邱冰随后寄来了书稿的清样，希望我写篇序，讲一讲这篇论文的来龙去脉。作为导师，这是不能推辞的。一些往事从记忆的深处涌了出来。

1998年9月，在蒋绍愚等先生不懈的努力之下，我从读书三年、工作八年的四川大学调入北京大学。就在前一年的暑假，我到北京参加第三十届国际汉藏语暨语言学会议，其间陪同徐文堪先生去北大朗润园看望季羡林先生。季先生关心我调入北大的事，说最好能来北大，可以利用北大的印度学条件继续佛教汉语的研究。他还说，佛教汉语的研究还得依靠中国学者。这也成为自己下决心离开川大的重要因素之一。

从1987年在恩师张永言先生指导下开始接触汉译佛经这种特殊语料并将其作为博士学位论文研究对象的我，经过十年的摸索，这时已经明白，对于汉语历史研究而言，中古时代数千万字的汉译佛经的语料价值，不单表现在入门当初就知道的口语化，从中可以找到更多的能够反映译经时代汉语真实面貌的语言现象，弥补文言化的本土文献的不足；还表现在入门时一无所知的接触语言学价值。通过梵汉对勘的帮助，从中可以知道印度佛教和印度文化进入中国时，印度语言的成分有哪些进入了汉语、如何进入了汉语，并进一步研究这些外来的成分如何影响了当时及后来汉语的演变和发展。

上述新认识的形成既得益于 20 世纪 90 年代汉语语言学研究与国际语言学研究全面的接轨，也得益于当时语言学理论的一些最新进展。汉语历史语言学界开始了从以各个历史时期汉语面貌的描写为主，向将这种描写与对汉语各个历史阶段变化原因的解释并重的历史性转型；而此时的社会历史语言学、接触语言学都提示语言接触对于语言演变发展的关键性作用。这就使得汉译佛经的一项鲜人问津却无与伦比的特殊价值凸现了出来。要知道，一部长达三千余年的有文字记载的中国历史，也是一部汉外民族的不断接触和融合的历史，汉外语言接触无时无刻不在发生。虽然这些接触势必会导致汉语发生大大小小的变异和变化，然而，这些接触的过程被比较完整地记录下来、其丰富程度足以供我们今天从事相关研究的个案却少之又少。粗粗算起来，重要的大概只有两个。时间离我们近的，是元代蒙古人入主中原后蒙古语文献的汉译。由此产生出的大量"直译体"文献，是属于阿尔泰语系的蒙语与属于汉藏语系的汉语的语言接触和交流的第一手记录。这些珍贵的资料使得我们今天研究近代时期汉语与阿尔泰语的语言接触以及这种接触对汉语的影响不但成为可能，甚至成为显学（清代满汉接触可以归在其中）。另一个，则是伴随印度佛教和佛教文献的传入，从东汉开始的印度佛经的汉译。它持续的时间长达一千年，是属于印欧语系的佛教原典语言与汉语的一次大规模的接触和交流，留下来的多达 4500 万字的翻译佛经就是这种接触和交流的第一手记录。它的存在，使得我们今天研究中古时代发生的中印语言接触，进而研究这种接触对中古以降汉语历史发展和演变的影响成为可能。

不过，汉译佛经汉语史语料的新价值也迫使研究者，如果想要从新的角度利用它，必须在研究方法上进行自我更新，在研究能力上进行自我提高。这突出体现在是否具有梵汉对勘的能力，是否能在研究中运用梵汉对勘的方法和资料。因为要想了解译经中的源头语影响，唯有将译文与平行的源头语（主要是梵文）本文进行语言学的比较。为了突出这一特点，与之前的汉译佛经语言研究区别开来，我把嵌入梵汉对勘元素，并且在汉语历史语言学框架内，也就是以研究汉译佛经对汉语历史发展演变影响为主要目的的汉译佛经语言研究称为“基于梵汉对勘的佛教汉语研究”，并将之定为自己今后的主要研究方向。我也清醒地意识到，这个巨大宝藏具有跨语言和跨文化的特质，要想挖掘它，没有跨语言和跨文化学术背景的人难以胜任。而自己从头到尾的中文系训练背景，此时成为致命的弱点——尽管之前补过一些课，但是远不足够。因此，一方面，不能单打独斗，必须要联络其他志同道合的朋友，尤其是印度学和佛教学领域的朋友一起干；另一方面，或者更重要的，是培养年轻一代的合资格研究者。说合资格，是希望培养出来的人，既要有一定的汉语历史语言学训练，对古代汉语有足够的感性和理性认识，并且知道汉语在历史上发生过哪些主要的变化；也要有一定的印度学和佛教学训练，包括掌握至少一门翻译佛经的原典语言，能够进行文本的梵汉语言学对勘和分析。环顾四周，神州大地在当时也只有北京大学能够提供这样的教学条件。但说来惭愧，这么好的条件，我在北大十余年，培养的从事基于梵汉对勘的佛教汉语研究的博士研究生，一共只有三个人。邱冰就是其中之一。

邱冰是2004年从南京大学硕士学位课程毕业后来北大的。她在南大的导师是我的同门师弟汪维辉教授。那一年，是北大招生简章上明确招收汉语言文字专业佛教汉语研究方向博士研究生的第一年，与邱冰同学的还有从北大毕业的姜南。两个人都有较为扎实的汉语历史语言学的训练，需要大补的，就是印度学和佛教学方面的训练。考虑到两人硕士研究生论文的研究方向，我建议姜南以《法华经》为基本资料作语法范畴的题目，邱冰以《佛所行赞》为基本资料作词汇范畴的题目。相比之下，作语法的姜南占了一点便宜，因为同样作语法的王继红刚毕业。从我的硕士研究生母校华中师范大学来的继红，是第一个被选中来吃这个螃蟹的人。在此之前，坦率地说，在如何培养这种跨学科研究方向的学生方面，我没有任何经验。可怜的继红被要求在短短的三年中要一边跟着东语系的段晴老师学习梵文，一边要选择一部译经进行梵汉对勘，只有在此基础上才能撰写自己的汉语历史语言学范畴的博士论文。但是这个后来才发现几乎不可能完成的任务，竟然被她完成了。继红的博士学位论文《基于梵汉对勘的〈俱舍论〉语法研究》成了第一部尝试用第一手的梵汉对勘资料撰写的汉语史博士论文。一个教学过程下来，其中既有经验，也有教训。接下来的邱冰和姜南当然可以少走一点弯路，再加上当时北大的博士研究生的标准学制已经从三年改为四年。但比起姜南作的语法，邱冰要作的词汇，如何作，没有先例，显然又是另一个挑战。当然，最后所有的困难都被一一克服，四年之后邱冰以《〈佛所行赞〉词汇研究》的博士论文顺利通过答辩。

回想起来，邱冰在北大的四年，除了在中文系接受高水平高层次和多角度的学术训练——北大中文系给研究生提供的学位可选课程，其丰富和自由程度无与伦比；在跨语言和跨文化学习方面，先后得到北大东语系段晴老师和高鸿老师的帮助。还在黄绎勋老师的协助下，与姜南一起到台北的法鼓文理学院作了一个学期的访学，与那里的研究生一起听课和讨论，丰富了印度学和佛教学知识。她们在法鼓学习期间，我曾受邀到该校作学术报告，亲身体验了法鼓学生的日常生活，也听到不少人对邱冰刻苦的学习精神的称赞。这些都为她博士学位论文的研究与写作和日后的发展进一步奠定了更为坚实的基础。

毕业后，邱冰被北京语言大学的华学诚教授收在麾下。对于任何一个初次走上大学讲台的新人来说，繁重的教学工作和同样繁重的科研工作，都是极大的考验，但邱冰都没有耽误。教学方面，她 2009 年、2011 年先后两次在北语青年教师教学基本功比赛中获奖，2014 年获北京语言大学教育创新标兵，2018 年获北京语言大学青年名师荣誉称号。科研方面，她凭借《中古汉语词汇复音化的多视角研究》一书于 2014 年获得了中国语言学会“罗常培语言学奖”一等奖，2015 年获第七届高等学校科学研究优秀成果奖（人文社会科学）二等奖，2013 年和 2018 年先后入选北京市高等学校青年英才计划、第三批国家青年拔尖人才“万人计划”,成为学校中青年教师的教学和科研骨干,在学术界开始崭露头角。水到渠成的是,2019 年,她受到清华大学中文系的延揽,开始了在新的学术平台上的新征程。

博士学位论文一直没有能正式出版,是邱冰的一个遗憾。当然,也是我的一个遗憾。不过,当 2017 年得知她申请了北京市社科基金项目“基于梵汉对勘的《佛所行赞》新词新义研究”时,我知道她并没有放弃。果不其然,不到三年,正果终于修成。

我将邱冰发来的清样与十多年前参加答辩的论文初稿作了大致的比对,发现书稿作了不少的修改。为了看得更清楚,我请邱冰将重要的修改列一个表,以便我向读者介绍这本书的“前世今生”。收到这个表后,我发现,与其按照这个表的内容来介绍,不如把这个表附在下面来得更清楚,完全不再需要我的赘言。

这部书的读者定是内行。对其优点,作为导师说得太多,有自鬻之嫌。但下面的话是必须要再说一遍的。这是第一部基于第一手系统梵汉对勘资料的佛教汉语词汇研究的汉语言文字学专业博士学位论文,从理论到方法(尤其是梵汉对勘和数据统计),从内容到框架,从材料到分析,都具有原创性,是基于梵汉对勘的佛教汉语专书词汇研究的第一个重要成果。我相信,它的学术意义和价值会随着时间的推移被越来越多的同行所认识。

2020 年岁末

于香港打铁岎寓所

序表　本书与博士论文原稿对比说明

博士论文原稿的内容框架	本书修订后的内容框架	修订说明
第一章 绪论 1.1 中古汉语词汇研究概况 1.2 中古佛教汉语研究概况 1.3 选题缘起以及研究意义 1.4 研究方法和研究材料 1.5 论文组织和章节安排	**第一章 绪论** 1.1 选题缘起 1.2 研究意义 1.3 研究材料 1.4 研究方法 1.5 章节组织与主要创新点	本章进行了全面修改，增补了研究材料的介绍以及后文新研究方法的说明。
第五章《佛所行赞》相关问题的研究 5.1《佛所行赞》的译者	**第二章《佛所行赞》译者的语言学考察** 2.1 汉译佛经文献目录概述 2.2 经录中《佛所行赞》的题署及其存在的问题 2.3 基于双重语言学证据对《佛所行赞》译者的考察 2.4 相关讨论:《佛本行经》的译者和翻译年代	本章增加了更多不同译经的对照，补充并采用直观方式显示量化统计数据，在此基础上提出同时考虑语言接触外部因素和总括副词等内部因素的双重证据方法。此外，本章兼顾考察了《佛本行经》的译者问题。
第二章《佛所行赞》词汇的构成 2.1《佛所行赞》词汇概貌 2.2《佛所行赞》中的上古传承词 2.3《佛所行赞》中的中古新词 2.6《佛所行赞》的词汇构成特点	**第三章《佛所行赞》词汇的构成、传承与发展** 3.1《佛所行赞》词汇构成及其特点 3.2《佛所行赞》中的上古传承词 3.3《佛所行赞》中的中古新词	本章主要是进行文字和结论上的凝练和深化，从共时和历时两个层面描写《佛所行赞》词汇构成的整体面貌、词汇的传承与发展情况。
第二章《佛所行赞》词汇的构成 2.5《佛所行赞》中的外来词 **第三章《佛所行赞》与语言接触** 3.1《佛所行赞》中产生新词的特殊方式 3.2《佛所行赞》产生新义的特殊方式 3.3《佛所行赞》中特殊的构词语素 3.4《佛所行赞》中特殊的词语搭配关系	**第四章语言接触对《佛所行赞》词汇的影响** 4.1 汉译佛经文献中的语言接触 4.2 语言接触对《佛所行赞》词汇语音形式的影响 4.3 语言接触对《佛所行赞》词义的影响 4.4 语言接触对《佛所行赞》语素组合的影响	本章是原博士论文第二、三两章相关内容的整合和深化，原第二章“外来词”一节置入 4.2 节关于语言接触对《佛所行赞》词汇语音形式影响的讨论，原第三章删减了 3.4 节中“说”+受事宾语“言”/“语”的讨论部分。本章调整了叙述线索，从语音形式、词义、语素组合方面展开叙述并在具体文字上进行了打磨和增补。
第四章《佛所行赞》与中古汉语词汇双音化 4.1 汉语词汇双音化研究概况 4.2 中古汉语词汇双音化状况 4.3 从《佛所行赞》看佛经词汇双音化程度高的原因 4.4 佛教汉语对汉语词汇双音化的影响		原第四章已经增补独立成书出版，在本书中删去。

续 表

博士论文原稿的内容框架	本书修订后的内容框架	修订说明
第二章《佛所行赞》词汇的构成 2.4《佛所行赞》中的文言词和口语词	**第五章《佛所行赞》词汇的语体色彩** 5.1 口语词和书面语词的判定与语体色彩评价方法 5.2 常用词视角的《佛所行赞》语体色彩分析 5.3《佛所行赞》传承词中的书面语词	本章增补了关于文献语体色彩量化分析的操作手段，对比了《佛所行赞》与同时期文献的口语化程度，指出该经是一部口语性相对较弱、文言色彩浓厚的汉译佛经文献。
第五章《佛所行赞》相关问题的研究 5.2《佛所行赞》的校勘	**第六章《佛所行赞》文本校勘** 6.1 汉译本《佛所行赞》的异文情况 6.2 基于《中华大藏经》及梵汉对勘的《佛所行赞》校勘	本章增补了《佛所行赞》不同版本的异文材料，对异文情况进行了分类，并结合梵汉对勘材料，辨正和判定其中部分异文材料。

目　录

第一章 | 绪论

《佛所行赞》是中古时期重要的汉译佛经文献之一。它的梵文原典是印度梵语文学史上的第一部“大诗”，著者为古印度佛教哲学家、诗人、戏剧家马鸣。南北朝时期传译到中国，对中国文学产生了十分积极的影响。中古时期是汉语发展过程中承上启下的关键阶段，汉译佛经文献作为中古时期传世语料的重要组成部分，记录了大量的中古汉语新兴语言现象，在汉语史研究方面蕴含着丰富的语言学价值，为中古汉语研究提供了宝贵的研究材料。然而，汉译佛经语言作为非自然语言接触的产物，存在汉语和原典语言成分、文言和口语成分相混合等特殊性质，需要采用有针对性的方法对这些混合成分进行细致的甄别和厘析，客观系统地呈现汉译佛经语言的特点，才能充分挖掘汉译佛经文献的语料价值。

1.1 选题缘起

佛传属于佛经中的一个部类，主要指记载释迦牟尼一生事迹的作品，具体包括佛陀降生、出家、成道、涅槃等内容。佛传不仅仅是为树立佛陀的神圣权威结集而成的宗教圣典，同时由于它们使用传记体裁，创作过程中借鉴并采用了古印度传统文学的表现方法，因此，佛传还是在内容、结构、表现手法等方面具有突出特点的传记文学作品。《佛所行赞》就是其中最典型的代表之一。

《佛所行赞》为公元1世纪古印度佛教哲学家、诗人、戏剧家马鸣(Aśvaghoṣa,音译为"阿湿缚窭沙")所作。"佛教于十二世纪在印度本土消亡,佛教史料基本失传,有关马鸣的史料也几乎无迹可寻。现在我们所知道的马鸣出生年代和生平事迹主要是依据汉文佛经史料。"(黄宝生,2015:1)高振农(1992:1-2)根据目前已有的材料对马鸣的一些记载情况进行过整理,这里列举其中一些主要的说法:

> 1. 后周慧影撰写的《大智度论疏》:马鸣是佛灭度后三百七十年时的人。
>
> 2. 陈真谛译《婆薮槃豆传》、唐实叉难陀译《大乘起信论》、宋僧叡《大智度论序》:马鸣是正法之余的人。"正法"为五百年,依照这一说法推算,马鸣应该是佛灭度后五百余年的人。
>
> 3. 齐昙景译《摩诃摩耶经》:提到有关马鸣的预言,预言马鸣当在佛灭度后六百年出世。
>
> 4. 隋费长房撰《历代三宝记》:马鸣是佛灭度后三百年时的人。
>
> 5. 西藏多罗那他撰《印度佛教史》:印度龙树(Nāgārjuna)的再传弟子名"摩咥哩制吒"(Matroeta,音译"母奴"),亦号"马鸣",有许多赞颂体的著作,如《四百赞》《一百五十赞》等。其中《一百五十赞》在印度很出名,现在还留存一些梵文片段。这个马鸣的弟子名"小马鸣",是印度中期大乘学者"无著"(Asanga)之师。此二马鸣在世时间约为公元第四世纪,相当于佛灭度后八百余年以后的人。
>
> 6. 元魏吉迦夜、昙曜共译《付法藏因缘传》、后秦鸠摩罗什译《马鸣菩萨传》:马鸣是迦腻色迦王同时代人。关于迦腻色迦王的年代,佛教文献中说法也不一致。一般说为公元一、二世纪间,即马鸣是公元一、二世纪时人。

目前一般认为中国汉地所传的印度佛教史上的马鸣,只能是龙树以前的大乘佛教学者,因此元魏吉迦夜、昙曜共译《付法藏因缘传》和后秦鸠摩罗什所翻译的《马鸣菩萨传》中的记载更为可靠。马鸣约于公元一、二世纪时生于中印度舍卫国(在今印度西北部拉普地河南岸)婆枳多城,本是婆罗门[①]外道的信徒,后来皈依佛教。马鸣生性爱好文学,擅长音乐,“自击钟鼓,调和琴瑟,音节哀雅,曲调成就”(《付法藏因缘传》卷五,T50, no. 2058, p. 315, a29 - b1[②]),以此说法,“诸有听者莫不开悟”,甚至“马垂泪听法,无念食想”,于是“以马解其音故,遂号为马鸣菩萨。”(《马鸣菩萨传》,T50, no. 2046, p. 184, a6 - 9)“马鸣”是其梵文名字“aśvaghoṣa”的仿译,梵文 aśvaghoṣa 为复合词,前半部分“aśva”义为“horse”(马),汉译为“马”;后半部分“ghoṣa”意思是“the reverberation”“sounds”(鸣叫声,声音),汉译为“鸣”。

马鸣博通众经,他的著作在汉译藏经中比较可靠的有五部(高振农,1992):除《佛所行赞》外,还有后秦鸠摩罗什译《大庄严论经》,宋日称译《十不善业道经》《六趣轮回经》《尼乾子问无我义经》。按照佛教部派划分,马鸣属于有部[③],该部派的特色之一就是具有浓厚的文学创作传统。《佛所行赞》作为马鸣创作的佛传史诗,同时也是印度梵语文学史上第一部“大诗”。这类诗的特点即“着重文采,措词精炼而往往雕琢过甚,重视修辞手段,因而层层相因,常出现陈词滥调和文字游戏;内容少不了香艳词句和幻想的战争描绘,还常加一些讲道理的议论;诗律繁富,但每章内基本一致,只在末尾或必须变调时改换。《佛所行赞》在文体上正符合这类诗的准则”(金克木,1999:267 - 268)。然而,“在形式和内容的统一方面,马鸣是有成就的。他把人所共知的宗教内容和很难理解的教义,同已经发展起来的、当时最高水平的文学形式,巧妙地结合起来了。他的运用语言和典故的技巧,在现有的古典诗中仍是水

---

① 印度古代宗教,约形成于公元前 10 世纪,以《吠陀》为主要经典,崇拜创造神梵天、持护神毗湿奴、破坏神湿婆三大主神。

② 此处根据电子佛典集成本(CBETA),其中出处依次是册数、经号、页数、栏数和行数。

③ 全称为“说一切有部”,音译萨婆多部,小乘二十部之一,主张一切诸法之实有,且一一说明其因由为宗。参看丁福保(1991:2517)。

平很高的。他好用典故及排比写法，并且用了不少谐音词，不过还不是主要依靠词藻的堆积作诗。他追求的艺术效果是以传达他的宣传内容为主，还不像后来形式主义文人那样喜爱文字游戏。”（金克木，1999：264）这部诗歌典籍在古印度影响很大，流传颇广。公元7世纪巡礼印度的唐代高僧义净在其《南海寄归内法传》卷四“三十二赞咏之礼”云：“又尊者马鸣，亦造歌词及《庄严论》，并作《佛本行诗》。大本若译有十余卷，意述如来始自王宫，终乎双树，一代佛法，并辑为诗。五天南海，无不讽诵，意明字少而摄义能多，复令读者心悦忘倦，又复纂持圣教，能生福利。”（T54，no. 2125，p. 228，a15－18）

这部在印度广泛流传的、极富文学性的经典于中古时期传译到中国。中古时期的佛经翻译既是一种宗教经典的翻译，又是哲学理论的翻译，同时还是一种文学的翻译。汉译佛经逐渐为中国文学所吸收、融进并成为其中的一部分。最早进行这方面研究的是梁启超，1920年他撰成《翻译文学与佛典》，首先将汉译佛经与翻译文学关联起来，他认为“凡一民族之文化，其容纳性愈富者，其增展力愈强，此定理也。我民族对于外来文化之容纳性，惟佛学输入时代最能发挥，故不惟思想界生莫大之变化，即文学界亦然，其显绩可得而言也”（1920/1999：3805）。他谈到《佛所行赞》时就说：“吾为说于此，曰：‘我国近代之纯文学——若小说，若歌曲，皆与佛典之翻译文学有密切关系。’闻者必以为诞。虽然，吾盖确信之。吾征诸印度文学进展之迹而有以明其然也。……大乘首创，共推马鸣。读什译《马鸣菩萨传》，则知彼实一大文学家、大音乐家，其弘法事业恒借此为利器。试细检藏中马鸣著述，其《佛所行赞》实一首三五余言之长歌。今译本虽不用韵，然吾辈读之，犹觉其与《孔雀东南飞》等古乐府相仿佛。……此等富于文学性的经典复经译家宗匠以极优美之国语为之移写，社会上人人嗜读，即不信解教理者，亦靡不醉心于其词缋。故想象力不期而增进，诠写法不期而革新，其影响乃直接表见于一般文艺。……即宋元明以降，杂剧、传奇、弹词等长篇歌曲，亦间接汲《佛所行赞》等书之流焉。”（梁启超，1920/1999：3806－3807）

随后，胡适（1929/2014）《白话文学史》特设“佛教的翻译文学”上下两章，以中古重要译家与译经为论述对象，大段摘引富有文学色彩的经文，作为佛经文学性的明证。他首次明确将汉译佛经文学写入中国文学史，探讨了译经文学在中国文学史上的影响。在《白话文学史》中，胡适认为《佛所行赞》“在当时为中国文学内的第一首长诗”（1929/2014：152），《佛所行赞》这一类印度文学形式上的结构和布局对“后代弹词、平话、小说、喜剧的发达都有直接或间接的关系”（胡适，1929/2014：152、161）。

饶宗颐（1988）在《〈南山〉诗与马鸣〈佛所行赞〉》一文中提到，唐代韩愈《南山诗》的下半篇，一长段连续使用了51个“或”字，紧随其后的一段又“复用十四叠字”，在唐代诗坛呈现出一些前所未有的特征，“此种过度之夸饰铺张手法，似与佛书不无关系”。“然考佛传于释尊行迹，多事铺张。若马鸣（Aśvaghoṣa）之《佛赞》（Buddha-Carita）尤为文学名著。唐世文士，疑多曾读其书。昌黎亦其中之一人也。”在众多佛传译本中，《佛所行赞》“特具文学意味，可谓一极长篇之五言叙事诗。其中连用‘或’字之例，不止一见。《离欲品》与《破魔品》尤为突出。……是品描写魔军之异形，以叠句方法，连用‘或’字至三十余次，乃恍然于昌黎《南山》诗用‘或’字一段，殆由此脱胎而得。原本‘或’字梵语为Kācit，Kaścit，可以覆勘。……昌黎固不谙梵文，然彼因辟佛，对昙无谶所译之马鸣《佛所行赞》必曾经眼。一方面于思想上反对佛教，另一方面乃从佛书中吸收其修辞之技巧，用于诗篇，可谓间接受到马鸣之影响。印度大诗人Kālidāsa其诗句多因袭马鸣，所作Raghuvamśa中亦用Kācit之例，与昌黎不谋而合。昌黎用‘或’字竟至五十一次之多，比马鸣原作，变本加厉。才气之大，精彩旁魄，足以辟易万夫”。“《南山诗》之冗长，在五言诗中罕见俦匹，此种作法，似与昙无谶译马鸣《佛所行赞》之为五言长篇，在文体上不无关涉之处，疑昌黎作《南山诗》时，曾受此赞之暗示。”（饶宗颐，1988：123－140）

侯传文（1999：19）指出：“自释迦牟尼灭度之后，他的生平事迹、说法活动和传教经历便成为佛教遗产的重要组成部分,也成为佛教文学艺术的重要素材。《佛所行赞》作为一部描写佛陀生平事迹的文学作品,在佛传文学的发展中起了承前启后的作用。”“从时间看,它介于大小乘之间;从形象看,它开始重视佛陀形象的塑造,突出佛陀伟大完美的人格,但还没有太多的神化。总之,它起了承前启后继往开来的重要作用。”

孙昌武(2018)认为《佛所行赞》体现了汉译佛教文学的特色和成就,是古代汉语最长的叙事诗。他指出,中国古典诗歌中的叙事传统相对薄弱,而《佛所行赞》长于描摹与铺陈,注重场面的描绘,更注重铺张、渲染,又多用繁复的形容造成强烈的煽情效果,这种表现方法是宣教的需要,同时又是中国古代文学传统中所不足的。“就结构之恢弘、情节之复杂、描写之细腻、人物众多及其性格之鲜明等艺术表现层面看,《佛所行赞》在古代叙事诗中更是无与伦比的。”(孙昌武,2018:87)

综上,《佛所行赞》在中国文学史尤其是佛传文学方面占据着十分重要的地位,并且对中国古代文学产生了积极的影响。

1.2 研究意义

程湘清(2003:8)针对汉语史断代专书的选择明确提出过三个条件:“第一,要看口述或撰写某部专书的作者是否属于该断代,这需要作一番专书及其作者的辨伪的工作。”“第二,要看专书的语言是否接近或反映该断代的口语,这是最重要的一条标准。因为有书面记载以来的整个汉语史都是口语和文言并存的历史,只有接近或反映口语的书面语言才能比较真实地记录汉语的历史面貌。”“第三,要看专书的篇幅大小是否具备相当的语言容量。”《佛所行赞》符合上述断代专书研究的三个条件,是中古汉译佛经专书词汇研究十分理想的材料。

汉译《佛所行赞》共 5 卷 28 品,9300 句,46000 余字,全部采用整齐的五言形式,从不同层次详细叙述了释迦牟尼的一生经历。众所周知,佛经以宣传教义和弘扬佛法为目的，在内容、叙写方式上容易出现重复罗列和程式化的特点。然而，《佛所行赞》大量使用比喻、夸张、排比等修辞手法，细致生动地描写了释迦牟尼降生世间、宫中成长、出宫游历、悟道成佛、降服众魔、传道度人、涅槃寂静等人生不同阶段的历程，这些均需使用丰富的词汇。不仅如此，《佛所行赞》的词汇还适合开展多个维度的专书词汇研究。时间维度上，《佛所行赞》作为中古时期的传世语料，其词汇整体构成中除了大量来自上古汉语的传承词，同时还有中古时期产生的新词新义。来源维度上，《佛所行赞》作为翻译的作品，其词汇中既有大量的本土词，同时还有经由翻译产生的外来词。语体维度上，《佛所行赞》作为佛传文学作品，目的是借助佛陀艺术形象的塑造，面向大众传播和阐扬佛法教义，其词汇中既有大量的书面语词，同时还有不少反映当时真实语言状况的口语词。

《佛所行赞》专书词汇研究的意义主要有以下三个方面。

第一，《佛所行赞》专书词汇研究可以丰富中古汉语断代词汇研究成果，助力构建汉语词汇史全貌。

中古时期是汉语发展过程中承上启下的关键阶段，汉译佛经文献是中古时期传世语料的重要组成部分和中古汉语研究的重要内容。从两汉之交开始，佛教从原产地印度经中亚、西域传入中土，以梵文为主的佛教经典被大量翻译为汉语，数量庞大、内容丰富、文体广泛的汉译佛经文献记录了大量的中古时期新兴的语言现象，在一定程度上弥补了中古中土传世文献相对不足的情况。《佛所行赞》专书词汇研究有助于更好地把握和理解中古汉语词汇的断代特点，在汉语史研究尤其是中古汉语词汇研究方面具有重要意义。

第二，《佛所行赞》专书词汇可以为语言接触研究提供基础数据，有助于丰富语言接触理论。

汉译佛经文献语言作为非自然语言接触的产物，存在着汉语和原典语言成分、文言和口语成分相混合等特殊性质（朱庆之，2001），自身具有一些不同于中土文献的特点。针对佛经文献语言的特殊性质，需要从不同层面对汉译佛经文献展开系统和专门的研究。从语言接触外部层面，采用梵汉对勘的方法，即将汉译本佛经文献与梵文原典进行逐词逐句的平行对比分析，离析汉译佛经文献中的外来成分。在此基础上，从语言内部层面，将汉译佛经文献与中土文献分别进行横向和纵向的对比，充分挖掘汉译佛经文献的语料价值，甄别不同性质语料的异同，系统呈现汉译佛经文献的特点。汉译本《佛所行赞》有校勘精良的平行梵文原典，便于采用梵汉对勘方法对照比较源头语（梵语）和目的语（汉语）的词汇特征，揭示汉语词汇发展过程中所受到的外部影响，为语言接触研究提供基础数据，进而丰富语言接触的相关理论。

第三，通过《佛所行赞》专书词汇的个案研究，初步形成一套汉译佛经专书研究的方案框架，可为类似研究工作提供参照。

汉译佛经文献具有源头语和目的语、口语和书面语两个混合的特殊性质，再加上不同时期、不同译者的个性特征差异，这些都给汉译佛经文献性质的梳理和判定带来了很大的困难。因此，尽管汉译佛经专书词汇研究已有颇多成果，但是采用有针对性的方法，系统剥离不同性质语言成分的研究还较为缺乏。本书将基于语料库语言学和梵汉对勘的方法，从语言内部和外部两个不同的层面，对《佛所行赞》中不同层次的词汇现象进行穷尽性的静态描写和动态分析，梳理语言成分的不同性质，定性和定量地阐释专书词汇多个方面的特征。这不仅是《佛所行赞》专书词汇研究这一个案的有益尝试，也有利于为类似的研究工作提供思路或参考框架。

1.3 研究材料

1.3.1 汉译本《佛所行赞》

本书采用的汉译本《佛所行赞》以《大正新修大藏经》（以下简称《大正藏》）版本为主，该本以高丽藏为底本，同时对校了南宋思溪藏、元大普宁寺藏、明方册藏本等。

尽管《大正藏》本是目前学界最为通行的版本,但是也存在轻信题署和忽略异文材料的问题。《佛所行赞》目前收在《大正藏》卷四本缘部192号,题作"佛所行赞卷第一,亦云佛本行经。马鸣菩萨造。北凉天竺三藏昙无谶译",即译者署名为北凉昙无谶。但是现存最早的佛经经录梁僧祐《出三藏记集》卷二记载有:"佛所行赞五卷。"注云:"一名《马鸣菩萨赞》,或云《佛本行赞》。六合山寺出。"又卷一五宝云传:"云性好幽居,以保闲寂,遂适六合山寺,译出《佛所行赞经》。"因此根据《出三藏记集》,《佛所行赞》为宝云所译。由此可见,经录中对《佛所行赞》的译者存有分歧。因此本书将基于语言学的证据,对《大正藏》中关于《佛所行赞》的题署进行专题考证,以更好地确定译经的翻译年代以及语言材料的性质。

在《佛所行赞》的异文材料考察中,本书还将参校《中华大藏经》,该经是以赵城金藏为底本,每部经文之后都附有校勘记可供参考。

1.3.2 梵文本《佛所行赞》

《佛所行赞》的原典是用标准古典梵文[①]写成的,前人已经作过大量的校勘工作,可以保证梵汉对勘研究的可靠性。梵文《佛所行赞》是印度文学史上重要的大诗,其流传过程与中国经典相似,经过不同时代的整理,最后定型。与一般的梵文佛经文献相比,梵文《佛所行赞》的版本比较统一,即使目前所用的梵文本并不是译者当时所使用的,它们之间的差别也不会很大。

《佛所行赞》的梵文抄本是欧洲学者于19世纪在尼泊尔发现的。

① 早期佛典文献至少曾使用过四种印度语言:第一是标准梵文;第二是巴利文,即中古时期的一种印度语言,是南传佛教的经堂语(Church Language);第三是用其他中世印度文写成的;第四是混合梵文,既有中古印度方言的语言特征,同时又受到标准梵文的影响。《佛所行赞》原典主要是标准梵文,也有混合梵文的成分,但不多。

1892年,法国著名学者烈维以梵文本为基础发表了《马鸣的〈佛本行赞〉》,揭开了梵文本研究的序幕。同年,彼得森把烈维刊本还原成天城体(Devanagarī),并翻译为英文。1894年,考威尔发表了《〈佛本行赞〉精校本》。该精校本出版后,欧美学者也开始对藏文本进行研究。弗里德里希·威勒于1926年发表了藏文校订本第一卷,包括一至八品,两年后发表了包括九至十七品的第二卷。有了对藏译的研究,1935年起许多学者对考威尔刊本进行补订,加上一些比考威尔使用的本子更为古老的写本的发现,琼斯顿的校本随之产生。该书《序言》叙述了写本的源流、编订体例,核对了梵文本的诗颂并作为附录。由于写本残缺不全,梵文校本缺了第一品1—7颂以及第十四品31颂以下部分。该书还列出了必要的异读以及对应的藏文字句[①]。"应该说,这是迄今为止国际上关于马鸣《佛所行赞》的最有参考价值的一部学术著作"(黄宝生,2015:24)。

琼斯顿的校本大体上已被学界视为决定版,因此本书采用琼斯顿的梵文校本进行对勘,以保证对勘研究的可靠性。

1.3.3 其他相关研究材料

本书尽管只是《佛所行赞》的专书词汇研究,但为了更为充分地呈现专书词汇特点,还需要跟不同时期、不同性质的文献分别进行对比。本书选取的相关对比语料,主要基于台湾地区"中央研究院古汉语语料库",该语料库下面有三个子语料库,分别为"上古汉语标记语料库""中古汉语标记语料库"和"近代汉语标记语料库",涵盖了上古汉语(先秦至西汉)、中古汉语(东汉、魏、晋、南北朝和隋代)、近代汉语(唐五代以后)大部分重要语料,其中900余万字的语料完成标注的工作,语料库情况如表1-1所示。

---

① 《佛所行赞》梵文版本更为详细的介绍可参看巫白慧(1958)、钱文忠(2007)。

表 1-1　标记语料库情况说明

语料库名称	规模	收录语料
上古汉语标记语料库	278 万字	《尚书》《诗经》《周易》《仪礼》《周礼》《礼记》《春秋公羊传》《左传》《国语》《战国策》《论语》《孟子》《墨子》《庄子》《荀子》《韩非子》《吕氏春秋》等。
中古汉语标记语料库	190 万字	中土文献:《抱朴子内篇》《世说新语》《新校搜神记》《洛阳伽蓝记》《颜世家训》《齐民要术》,计约 36 万字; 汉译佛经文献:《道行般若经》《佛说兜沙经》《中本起经》《修行本起经》《大明度经》《佛说菩萨本业经》《了本生死经》《佛说四愿经》《六度集经》《生经》《佛说普曜经》《大楼炭经》《阿育王传》《出曜经》《大庄严论经》《妙法莲华经》《悲华经》《百喻经》《佛本行集经》等,计约 154 万字。
近代汉语标记语料库	522 万字	《敦煌变文集新书》《祖堂集》《朱子语类》《五代史平话》《全相平话五种》《关汉卿戏曲集》《元刊杂剧三十种》《老乞大谚解》《朴通事谚解》《水浒传》《西游记》《金瓶梅》《醒世姻缘》《儒林外史》《红楼梦》等。

此外,书中所引佛经例句皆出自《大正藏》,同时结合电子佛典集成本(CBETA),具体引文格式以《佛所行赞》为例:“尔时摩耶后,自知产时至,偃寝安胜床,百千婇女侍。”(T04, no. 192, p. 1, a21-23)其中,T 表示《大正藏》册数,no 表示《大正藏》经号,p 表示页码,随后的字母数字组合表示栏数和行数。在此需要说明的是,本书后文中《佛所行赞》的引文将省略册数和经号信息,即只出现页码、栏数和行数。

1.4　研究方法

前辈时贤对专书词汇的研究方法已提出了精辟的见解。程湘清(2003)总结为四点:解剖“麻雀”,由点窥面;历史比较,鉴别异同;分门别类,静态描写;定量分析,从数求质。车淑娅(2004;2005a)在已有研究的基础上,提出专书词汇研究的三维方法,即横向比较研究法、纵向考源探流研究法和空间系联征引研究法。郭作飞(2009)在肯定已有汉语专书研究所取得的巨大成就的同时,也指出了专书词汇研究存在的一些问题。目前专书词汇研究越来越走入一种程序化的路线,许多专书词汇研究大都离不开复音词、新词新义、词汇史上的价值等内容。而这样的模式对于任何一部专书的词汇研究都可以套用,得出的结论也不外乎是汉语词汇的复音化进一步加强,出现了众多新词新义,有利于大型辞书修订,为汉语词汇史的构建提供了某一阶段的语料证明等。因而,这样的结果对于整个汉语词汇史以及整个汉语史的研究意义并不大。他进一步提出:以词汇系统为统领,宏观与具体研究相结合,是专书词汇研究的新视野;立足专书材料本身,突出词语运用的特色,是专书词汇研究的新思路;共时历时相结合,综合运用统计、实证、定性与定量等手段,是专书词汇研究的基本方法。

学界关于专书词汇研究方法的讨论,无疑给未来的专书词汇研究打下了坚实的基础,但同时也引发对汉译佛经专书词汇研究方法的思考和探索。

汉译佛经文献不仅仅是汉语的重要语料,同时又是语言间接接触的产物,这就需要我们拓展新的研究视角和方法,以更有针对性、更为科学地开展汉译佛经专书词汇研究。本书拟采取的研究方法具体包括以下四个。

第一,通过穷尽式描写方法全面考察汉译《佛所行赞》词汇现象。

描写是语言研究的基础,只有把各种语言现象及其发展演变的情况描写清楚,才有可能从中寻找规律。作为专书词汇研究,本书首要任务就是对《佛所行赞》进行详尽描写,从整体上全面分析其词汇系统的构成和来源情况。这也就是通常所说的解剖"麻雀","意思是对每部书作穷尽式的研究,从一个一个的典型来观察某一个时代的语言面貌"。"这里说的专书研究要包括'全部词汇''全部句型',指的就是穷尽式的研究。所谓'穷尽式'也是相对的,它既包括专书词典的全部词汇,专书语法的全部句型,也包括某一词汇、语法、语音现象在专书中的详尽情况。总之，要从基础工作上下笨功夫。”“将这些专书的语言现象弄清楚了，对各个历史时期的语言面貌就有了比较具体的了解。再把各个历史时期联系起来，就能比较全面地（而不是片段地）比较清晰地（而不是模糊地）勾画出汉语历史发展的轮廓。”（程湘清，2003：10）

第二，通过多视角对比方法确定《佛所行赞》的词汇特征。

专书词汇作为一个封闭性的研究材料，要呈现该部专书的词汇特征以及在整个汉语词汇发展史上的地位，就需要将该部专书与其他不同时期、不同性质的文献语料进行不同视角的比照。

本书将继承采用传统历时和共时相结合的研究方法，即从历时层面纵向考源，从共时层面横向比较。具体来说，历时层面就是将《佛所行赞》的词汇与上古汉语词汇进行比较，考察其中哪些词语来自上古汉语，而且仍然活跃于中古汉语词汇系统中。共时层面则是将《佛所行赞》与同时期的文献进行比较。专书词汇不仅反映断代词汇现象的共性特征，同时也会带有跟专书作者语言习惯、文体和内容等密切相关的个性特征。就汉译佛经专书词汇而言，还会涉及译者翻译的风格、方法和技巧等个性特征。因此本书在共时层面内部，拟进一步按照语料的性质细化对比，即将《佛所行赞》分别与中古时期的佛经文献和中土文献比照，确定哪些词语是佛经语料和中土语料共有的，哪些是佛经文献特有的，哪些又是《佛所行赞》自身所特有的，它们实际上分别代表了中古汉语词汇、汉译佛经词汇和《佛所行赞》专书词汇的不同层面的特点。这种多视角的对比研究，不仅可以深入细致地区分专书词汇内部的不同层次，同时也可以比较准确地勾勒中古汉语词汇的真实面貌。

第三，通过语料库语言学方法客观准确地对《佛所行赞》词汇进行量化分析。

定量和定性是语言学研究领域中普遍运用的两个基本方法。前者侧重统计分析，量化提取具有数量关系的特征。后者侧重归纳，收集分析资料，提出理论假设并进行检验。这两种方法各具特色，可结合使用，互为辅助。然而，传统研究中由于缺乏语料库的支撑，若对大量文献进行定量统计，难度较大。

本书将基于语料库语言学的方法，合理地设计量化评价指标，使用数据统计、图表等多种方式，相对直观地呈现其中各类词语的数量关系，在此基础上去定性分析并尝试解释隐藏在词汇系统背后的规律以及因果机制，从而提升研究结论的精确性、科学性、客观性。

第四，运用梵汉对勘的研究方法，将《佛所行赞》汉译本与梵文原典进行对勘，逐词逐句进行语法语义标注和分析，分析梵语源头语对汉语词语不同属性的影响，揭示语言接触引发的词汇变异现象。

本书将《佛所行赞》的梵本与汉译本进行逐词逐句平行对照，具体对勘方法如下：

首先，梵文《佛所行赞》全文都为偈颂，每句偈颂下依次对每个词进行解释，先标注出该词的原形，然后标注出每个词的语法信息。具体来说，以格为收尾的词，依序列其性、格、数，英文解释以及在《佛所行赞》中相应的汉译。动词变化依序列出其时态、人称、数和语态，然后是该动词的英文解释以及相应的汉译。

其次，逐句给出每个偈颂完整的相应的汉译，汉译采用《大正藏》的版本。表 1 - 2 为一个完整偈颂的具体例子。

表 1 - 2 《佛所行赞》的梵汉对勘示例①

ūror yathaurvasya pṛthoś ca hastān māndhātur indrapratimasya mūrdhnaḥ/ **kakṣīvataś caiva bhujāṃsadeśāt tathāvidhaṃ tasya babhūva janma // 1.10 //**
ūror(ūru)：m5s，from the thigh　汉译：股生
yathā：ind，as
aurvasya(aurva)：m6s，of Aurva　汉译：优留王
pṛthoḥ(pṛthu)：n6s，of Pṛithu　汉译：畀偷王
ca：ind，and
hastān(hasta)：m5s，from the arm　汉译：手生
māndhātur(māndhātṛi)：6s，of Māndhātṛi　汉译：曼陀王
indrapratimasya(indra-pratima)：ctp6 6s，the peer of Indra

① 梵汉对勘中缩略语可参看附录。

续 表

pratima：adj，peer mūrdhnaḥ(mūrdhan)：noun，m5s，from the head 汉译：顶生 kakṣīvataḥ(kakṣīvat)：m6s，of Kakṣīvat 汉译：伽叉王 ca：ind，and eva：ind，indeed bhujāṃsadeśāt(bhujāṃsa-deśa)：ctp6 m5s，from the armpit 汉译：腋生 bhujāṃsa：m，armpit deśa：m，point，region tathāvidhaṃ(tathā-vidha)：of such a kind 汉译：亦如是 tasya(sah)：m6s，his babhūva(√bhū)：prf 3sa，was janma(janma)：n1s，birth 汉译：优留王股生，畀偷王手生，曼陀王顶生，伽叉王腋生，菩萨亦如是。

1.5 章节组织与主要创新点

本书将首先对《佛所行赞》的词汇进行穷尽性描写，统计词汇的构成数据，量化呈现《佛所行赞》的词汇特点。在此基础上针对汉译佛经的汉外混合性质，采用梵汉对勘的方法，具体分析《佛所行赞》中由语言接触引发的词语不同属性的变异现象。针对汉译佛经书面语和口语混合的性质，从常用词的视角提出语体色彩量化评估方法，分析《佛所行赞》的语体特征。此外，就《佛所行赞》的译者和不同版本的异文情况展开专题讨论。

本书的具体章节安排及其创新点如下：

第一章：绪论。本章概述《佛所行赞》在文学史上的地位和价值，确定《佛所行赞》作为中古汉译佛经词汇的专书研究对象，并在传统专书词汇研究方法的基础上，进一步提出专门针对汉译佛经专书词汇研究的方法。

第二章：《佛所行赞》译者的语言学考察。汉译本《佛所行赞》的译者在佛经文献经录的记载中存在分歧，一为宝云，一为昙无谶。本章基于内部和外部双重语言学证据,对《佛所行赞》的译者进行考察和判定。语言学证据显示,《佛所行赞》为宝云所译。本章不仅仅是对《佛所行赞》这一个案进行鉴别,同时也为汉译佛经语料的辨析和考证提供语言学视角的新型思路。

第三章:《佛所行赞》词汇的构成、传承与发展。本章从共时和历时两个层面描写《佛所行赞》词汇构成的整体面貌。共时层面,《佛所行赞》与同时期中土文献相比,具有两个明显的特点:一是复音词数量多,改变了上古以单音词为主的词汇面貌,同时其复音化程度又要高于同时期的中土文献;二是大量外来词的存在造成语音造词比例要远高于同时期的中土文献。历时层面,将《佛所行赞》分别与上古和中古时期的文献进行对比,考察《佛所行赞》词汇的传承与发展情况。从整体上来看,传承词是《佛所行赞》词汇的大宗,语音形式上单音词和复音词旗鼓相当,而新词在语音形式上则是以双音词为主,单音词的比重微乎其微。

第四章:语言接触对《佛所行赞》词汇的影响。本章采用梵汉对勘的方法,平行对比汉译本《佛所行赞》与梵文原典,从微观层面具体分析语言接触对汉译佛经词汇语音形式、词义、语素组合等不同属性的影响,考察由语言接触所引发的汉语词汇变异现象,更为深入地揭示汉译佛经词汇的特点及其产生的动因。

第五章:《佛所行赞》词汇的语体色彩。本章提出文献语体色彩的量化评估分析方法,即以常用词为契入点统计分析《佛所行赞》中的口语词和书面语词情况,并与同期的中土文献和佛经文献进行比较,具体评估汉译佛经词汇内部书面语和口语的混合性特征。统计数据表明,《佛所行赞》的口语化程度要低于同时期的汉译佛经文献,略高于部分中土文献。此外,《佛所行赞》使用了一些同期其他佛经文献几乎不用的文言词,进一步表明《佛所行赞》是一部文言色彩较为浓厚的佛经文献,这种情况的产生与《佛所行赞》的译者有着一定的关联,表明译者对汉语书面语有较好的把握。

第六章:《佛所行赞》文本校勘。本章基于《佛所行赞》不同版本的异文材料,结合梵汉对勘材料,对《佛所行赞》中的异文现象进行整理、分类,辨正和判定其中部分异文材料,为日后汉文佛经的校勘和修订提供参考。

第二章 |《佛所行赞》译者的语言学考察

汉译本《佛所行赞》收在《大正藏》卷四本缘部 192 号，题署为“北凉天竺三藏昙无谶译”，但《佛所行赞》的译者在佛经文献经录的记载中实际上存有分歧。本章将首先介绍佛教文献经录的产生、发展和经录对大藏经的指导意义，进而讨论《佛所行赞》在经录记载中的问题。随后基于内部和外部双重语言学证据，考察和判定《佛所行赞》的译者。另外一部佛传《佛本行经》由于经名和内容均与《佛所行赞》相似，在经录中的记载常与《佛所行赞》混淆。因此本章也将兼议《佛本行经》的译者和翻译年代。

2.1 汉译佛经文献目录概述

2.1.1 经录的产生与发展

自佛教传入中国，佛经翻译活动就随之产生，肇始于东汉，历经汉魏六朝，一直延续到唐宋时期，历时约千年。梁启超《佛典之翻译》对于佛经翻译的历史发展过程进行过相关阐述：“佛教为外来之学，其托命在翻译，自然之数也。自晚汉迄中唐，凡七百年间，赓续盛弘斯业。宋元以降，则补苴而已。”他将佛典翻译略分为三期。“自东汉至西晋，则第一期也。僧徒记述译事，每推本于摄摩腾、竺法兰，谓今所传《四十二章经》实中国最古之佛典。”这个时期“所出经虽不少，然多零品断简。

所谓‘略至略翻,全来全译’。实则略者多而全者希也。所译不成系统,翻译文体亦未确立。启蒙时代,固当如是也”。“东晋南北朝为译经事业之第二期。就中更可分前后期,东晋、二秦,其前期也;刘宋、元魏迄隋,其后期也。”“在前期中,经典教义未备,故学者之精力,全费之于翻译输入,若人之营食事也。”后期“则要籍既已略备,学者务研索而会通之,若食后消化以自营卫也。故此期之特色,在诸宗之酝酿草创而不在翻译”。“自唐贞观至贞元,为翻译事业之第三期。此期实全体佛教之全盛期,诸宗完全成立,卓然成为‘中国的佛教’之一大建设,而译事亦造峰极。”(梁启超,1920/2011:216)

在千年的佛经汉译活动中,出现了大批成就卓越的译经大师,产生了数量庞大的汉译佛经文献。根据智升《开元释教录》卷一的记载和统计,“自后汉孝明皇帝永平十年岁次丁卯,至大唐神武皇帝开元十八年庚午之岁,凡六百六十四载,中间传译缁素总一百七十六人,所出大小二乘三藏圣教及圣贤集传并及失译,总二千二百七十八部,都合七千四十六卷”(T55, no. 2154, p. 477, a21－26)。随着汉译佛经典籍的增多、内容的繁杂,而且“自汉魏迄晋,经来稍多,而传经之人名字弗说,后人追寻莫测年代”(《高僧传》卷五,T50, no. 2059, p. 352, a28－29)。值得注意的是,在佛经汉译的初创时期,即汉魏时期,译经往往不标译者,“当此等经典翻译时,译本完成之后,似对此未置译者之署名。……佛教徒所重者为信仰而非卖名。故这可视为只要弘传教法则出不出自己之名字并不成为问题。如后所述,甚至经典本身之创作者亦不出自己之名”。“置名乃为唐代以后,现行者系依玄宗开元十八年勘定之大藏。如斯不署名而历经长久之年月,则其等经典之译者就更不可知。加之有两人共译同一经典,或同一经典有二人以上之翻译,以及其他原因,因此从中各种动机产生种种错误。于是失佚译人名之经典颇多,宁说是理所当然之事。”(小野玄妙,1983:4)这些情况无疑都会对汉译佛经的流传、佛教文化的传播产生不利的影响。佛教经录正是在这样的背景之下产生了。

佛教经录，又称一切经目录、藏经目录，是记载佛教典籍的一种专科目录，它们记载着译经品目、卷数、版本以及译者生平事迹等内容。“译经既多，爰有目录。”“佛教目录之兴，盖伴译经以俱来。”（姚名达，2002：188－196）东晋孝武帝宁康二年（374 年），道安编撰了中国佛教第一部比较完备的综合性经录《综理众经目录》，该书已佚，但是其中大部分内容已被引录于梁僧祐所编纂的《出三藏记集》之中。现在仍传于世的佛教经录除了梁僧祐撰《出三藏记集》十五卷以外，还有十四部为：隋法经等撰《众经目录》七卷、隋费长房等撰《历代三宝记》十五卷、隋彦琮等撰《众经目录》五卷、唐静泰撰《大敬爱寺众经目录》五卷、唐道宣撰《大唐内典录》十卷、唐靖迈撰《古今译经图记》四卷、唐明佺《大周刊定众经目录》十五卷、唐智升撰《开元释教录》二十卷、唐圆照撰《大唐贞元续开元释教录》三卷、《贞元新定释教目录》三十卷、南唐恒安撰《续贞元释教录》一卷、宋杨亿等撰《大中祥符法宝录》二十二卷、宋吕夷简等撰《景祐新修法宝录》二十一卷、元庆吉祥等撰《至元法宝勘同总录》十卷。

如此丰富的佛教经录保存了大量的原始一手资料，对汉译佛经的流传和佛教文化的传播起到了重要的引导作用。同时由于汉译佛经文献的语言和内容特征都不同于汉文典籍，佛经目录还形成了独具一格的风貌和体系。梁启超曾就佛教经录在中国目录学上的地位进行过高度评价和详细论述，他认为佛教经录“所用方法，有优胜于普通目录之书者数事”，具体表现为：“一曰历史观念甚发达。凡一书之传译渊源、译人小传、译时、译地，靡不详叙。二曰辨别真伪极严。凡可疑之书皆详审考证，别存其目。三曰比较甚审。凡一书而同时或先后异译者，辄详为序列，勘其异同得失，在一丛书中抽译一二种或在一书中抽译一二篇而别题书名者，皆一一求其出处，分别注明，使学者毋惑。四曰搜采遗逸甚勤。虽已佚之书，亦必存其目以俟采访，令学者得按照某时代之录而知其书佚于何时。五曰分类极复杂而周备，或以著译时代分，或以书之性质分。性质之中，或以书之函（涵）义内容分，如既分经律论，又分大小乘；或以书之形式分，如一译多译、一卷多卷等等。同一录中，各

种分类并用,一书而依其类别之不同交错互见动至十数,予学者以种种检查之便。”(梁启超,1920/2011:334)

2.1.2 经录的价值与问题

佛教经录从南北朝发展到唐代,日趋成熟。经录的产生和出现不仅为汉译佛经的传播起到了指引和航标的作用,也为日后汉文大藏经的修造刻印奠定了基础。

随着西域僧众来华和中土僧众西行求法逐渐增多,汉译佛经文献的数量和内容日益庞大、复杂,不同时期佛经目录的分类原则和标准也发生了很大的变化,其分水岭就是从隋代开始。最早的佛经目录《综理众经目录》开佛经目录之先河,分类方式有三:第一,以不同的译著形式为分类标准,分为译经、古译经录(对大部头佛经中摘译成单篇,以后的经录称为“别生经”)、疑经、注经及杂经志录。第二,以译者不同进行分类,先分为知译人者、不知译人者两种,不知译人者按照译地分为凉土和关中两种。第三,以年代为序,著录每部经书的译者、译经时间和译地。梁启超(1920/2011:342)曾评价说:“《安录》(《综理众经目录》简称》)虽仅区区一卷,然其体裁足称者盖数端:一曰纯以年代为次,令读者得知兹学发展之迹及诸家派别。二曰失译者别自为篇。三曰摘译者别自为篇,皆以书之性质为分别,使眉目犁然。四曰严真伪之辨,精神最为忠实。五曰注解之书,别自为部,不与本经混,主从分明。”南朝梁僧祐的《出三藏记集》在道安《综理众经目录》的基础上进行考订补充,主要著录了东汉至梁所译佛经目录、序记以及译者传记等,是目前传世的、保存最为完整的综合佛经目录。该目录专门列出疑伪经录,不能确定来源的列入杂经录,佛经译出后根据某一种佛经精炼其要旨而抄成一部新佛典的“抄经”列入抄经录,不详译者的列入失译经录,“阙亡”或“无别名题”的先译“遗文”列入古译经录,原本相同的汉译本列入异出经录等。可见,早期佛教经录对于失译译经的译者或者译年采取阙如的处理原则和方式,这有助于保证汉译佛经文献在尽量避免失真的状态下传播。

但是从隋代开始，佛教经录一改这种原则，对原本失译的作品的译人和翻译年代进行了大量追记，将它们配属在知名译者名下。隋法经等撰《众经目录》卷七《序》曾经这样记载："自尔达今二百年间，制经录者，十有数家。或以数求，或用名取，或凭时代，或寄译人，各纪一隅，务存所见。独有杨州律师僧祐，撰《三藏记录》，颇近可观。然犹大小雷同，三藏杂糅，抄集参正，传记乱经。考始括终，莫能该备。自外诸录，胡可胜言。"(T55, no. 2146, p. 148, c26 - p. 149, a2)唐道宣《续高僧传・彦琮传》评隋代费长房《历代三宝记》为："并诸代所翻经部卷目，轴别陈叙，亟多条例。然而瓦玉杂糅，真伪难分。得在通行，阙于甄异。"(T50, no. 2060, p. 436, b11 - 13)隋代经录追记的结果就是东汉和三国大部分失译的译经有了年代和作者，尤其之后唐智升所撰的《开元释教录》更成为后代编制大藏经的规范目录。"所有现行之大藏经，其全体之组织编目，以及各经目译人名等，悉皆依此《开元》之勘定。关于这一点，正可谓是最高权威之目录。"(小野玄妙，1983:2)

大藏经尤其是《大正藏》中由经录引发的讹误会给研究带来一些问题。学者使用汉译佛经进行研究的时候，如果对译者和翻译的年代并不进行甄别，直接以后代经录和《大正藏》的题署为据，一旦这些经录记载有误，就会在一定程度上影响研究的结论，正如方一新、高列过(2005:54)中所说的："这在早期利用佛经者当中是屡见不鲜的。以'失译'经为例，像《大方便佛报恩经》《分别功德论》《佛说㮈女祇域因缘经》等译经，传世《大藏经》或附'后汉录'，或题'后汉安世高译'等，研究者往往径直当作东汉佛经来引用，这其实是有问题的。"

因此，目前一些佛教文献学或者语言学方面的学者达成共识，即不能轻信后期佛教经录和《大正藏》的记载，在使用这些材料的时候均要存疑。小野玄妙(1983:2、4)对这个问题进行过比较详细的阐述："在现行大藏经中所收录之诸经典，皆堂堂地署记题号与译人之名。仅看此似乎亦可视其为完全确定者。当然其中实际上确实者亦相当多。……

隋唐以后之目录大体为确实者,但往往犹有半确实者或不确实者混杂其中。若溯至南北朝时期及其以前之目录,则与此完全相反,大部分为不确实而少部分为确实或半确实,因此若以严正立场将之作为学术性之处理,则颇难以下手。""对《开元录》产生疑难这件事,实是非常重大之问题。那不单是翻译之纪年如何、译者之事历如何等局部性琐事,而是《开元录》所勘考决定之每一经题之下所列译者之署名,果真正确与否之根本问题。例如,《佛说无量寿经》之题下,写着'曹魏天竺三藏康僧铠译',倘此属正确则不成问题,但若是错误,则其历史的处理不得不从根本改变。这种错误若是例外地偶尔有一、二件,也就容易解决,但事实上并非那样简单之事。被认为错误者,存有令人疑难考虑之余地者其数意高达数百之多,故无法骤然简单地下结论。若仅就《开元录》重新加以匡正其谬误则尚不很费事,但若被视为后汉译之经典实际上为东晋之译,视为出在三国时代者实为南北朝之经典,则对于此等经典之看法,处理方法,必须从头改变。"他还以支谦译经为例,"道安法师载录支谦之译经即使全部有亦只二十七经,加以三部著作,亦不过三十。而《历代三宝纪》以下诸录,竟列举百二十九部,所增之经目近五倍。《开元录》之编者虽已删除属抄经之经典若干、尚存八十八部。现行《大藏经》署名支谦所译之经典,计为五十一部。"(小野玄妙,1983:36)

2.2 经录中《佛所行赞》的题署及其存在的问题

汉译本《佛所行赞》收在《大正藏》卷四本缘部 192 号,题作"佛所行赞卷第一,亦云佛本行经。马鸣菩萨造。北凉天竺三藏昙无谶译"。但实际上,汉译本《佛所行赞》的译者和经名在历代各家经录中的记载并不完全相同,现列举如下:

梁僧祐《出三藏记集》卷二:"《佛所行赞》五卷。"注云:"一名《马鸣菩萨赞》,或云《佛本行赞》,六合山寺出。"又卷一五:"云性好幽居以保闲寂，遂适六合山寺，译出《佛所行赞经》。"同时在卷四失译杂经里有："《佛本行经》五卷。"

隋法经的《众经目录》卷六："《佛本行赞传》七卷，宋元嘉年宝云于六合山寺译。"下面同时还记载有："《佛所行赞经传》五卷。"注云："一名《马鸣赞》，晋世宝云译。"

隋费长房的《历代三宝记》卷九昙无谶译经目录中有："《佛本行经》五卷。"又卷一〇："《佛所行赞经》五卷。"注云："于六合山寺出，见宝唱录。或云传马鸣撰。"

唐智升《开元释教录》卷四昙无谶译经目录中有："《佛所行赞经传》五卷。"注云："或云经，无传字。或云传，无经字。马鸣菩萨造。亦云《佛本行经》，见长房录。"又卷五宝云译经有："《佛本行经》七卷。"注云："或云《佛本行赞》传，于六合山寺出。或云五卷，见僧祐宝唱内典等录。《高僧传》云《佛本行赞经》。"

从这些经录记载中不难发现，还有一部《佛本行经》，其名称中的"本行"跟"所行"十分接近，而且意义基本相同，因此《佛所行赞》与《佛本行经》时常混淆，这可能就是造成不同经录记载不一致的原因之一。本节将这两部佛经在经录中的记载情况总结如表 2-1 所示。

表 2-1 《佛所行赞》和《佛本行经》在主要经录中的记载情况

经名	经录记载			
	梁僧祐	隋法经	隋费长房 唐道宣	唐智升
《佛所行赞》	宝云	宝云	宝云	昙无谶
《佛本行经》	失译	宝云	昙无谶	宝云

前面已经说过，《大正藏》主要采用了唐智升所撰的《开元释教录》的记载，胡适（1929）、孙昌武（1988；2018）、饶宗颐（1993）、侯传文（1999）、袁书会（2000）、王丽娜（2014；2016）等不少学者认同并直接依

据了《大正藏》的题署，将《佛所行赞》视为北凉昙无谶所译。

一些学者着眼于佛教经录，从文献学的视角对《佛所行赞》的译者问题展开过相关讨论。常盘大定（1938：910）认为："僧祐以《佛所行赞》为宝云译，似乎可从。而昙无谶所译者，盖当从费长房说，即祐录之《佛本行经》也。"

周一良（1948）也认为僧祐的记载更为可信，原因是僧祐和宝云"时地相接。宝云卒于宋元嘉二十六年（449 年），僧祐卒于梁天监十七年（518 年），相去不久。宝云译经于六合，在南朝境内。僧祐对于宝云的工作自应清楚"。他指出马鸣 *Buddhacarita* 可以翻译成"佛所行"或者"佛本行"，梵文中并没有"经"或"赞"之类的意思。汉译本可能加上个"经"字，因为当它是教内圣典，但是没有理由称为"赞"，因为全篇是释迦牟尼的传记，毫无"赞"的功用，然而今本《佛本行经》则有被称为"赞"的资格。因此周一良认为今本《行经》应当原名"行赞"，马鸣的《佛本行诗》（*Buddhacarita*）是失译，相对来说是比较妥当的。

小野玄妙（1983：85）在介绍宝云译经时，"观其（《佛所行赞》五卷）翻译与文章，亦与宝云相称。至于《佛本行经》僧祐于昙无谶之译经目中，未举其名，而别列于失译经中。可知，僧祐以为《佛所行赞》是宝云所出，而《佛本行经》则已失译人名。至《历代三宝记》始于昙无谶之译经中，列出《佛本行经》五卷，而注记第二出。此或是认为汉代之竺法兰译有《佛本行经》五卷之故。无论如何，此即是昙无谶译出《佛本行经》之说之最初者。虽说如此，然笔者到底无法相信其说。若据法经等以及彦琮等《众经目录》，此二种均作为宝云所译，而不认为昙无谶曾译有此经。今将此二经实际翻阅对照，其内容、文章均不似出自同一人之手。如此，则似以僧祐之看法处理方式最为正确。"

孙凯（2015）对马鸣 *Buddhacarita* 的汉语译名和译者进行了补充考证，其结论如下：《佛本行经》，马鸣菩萨著，译者无考，疑伪北凉昙无谶，但证据不足；《佛所行赞》，著者无考，译者刘宋宝云。

黄宝生（2015）依据 *Buddhacarita* 梵文原典确定《佛所行赞》前十

四品与梵本完全一致，说明《佛所行赞》为马鸣原作。他采纳了《大正藏》的题署，将《佛所行赞》视为昙无谶所译，但同时也认为译者存在疑点。

由此可见，《佛所行赞》的经名和译者在经录的记载中存在混淆不清的情况。已有研究多是穷尽性搜集大藏经中所有经录、史传等资料，使用文献学方法去考定译者。这种研究方法存在两个方面的局限。第一，古代文献记载的可靠程度不易衡量。以僧祐《出三藏记集》来例，尽管作为现存汉文佛典最为古老的经录，也是我们目前判定早期汉译佛经翻译时代和译者的主要依据，但其中“若干著录尚有疏漏之处”，“也必须再加考定”（方广锠，1993：60）。一旦史料记载有所出入，就会直接影响研究的结论。第二，当不同文献对同一史料记载不同，出现矛盾情况的时候，研究者认定的标准不尽相同，存在各取所需的主观性。目前对译者判定出现如此纷杂的各种主张，正是依此研究方法所导致的结果。因此在文献学的材料和方法之外，还需要结合其他视角和方法对《佛所行赞》的译者展开更为细致和深入的考察。

2.3 基于双重语言学证据对《佛所行赞》译者的考察

目前，已有一些学者指出采用语言学方法对汉语文献作品包括汉译佛经进行辨析与考证，是行之有效的。语言是不断发展变化的，不同时期的语言在语法和词汇上会表现出不同的特点。即使在同一时期之内，不同的作者对语言的使用也会有所不同（遇笑容、曹广顺，1998）。任何语料都要形诸语言，因此语言证据比文献证据要相对常见易得。通过语言例证，语言鉴别可以判断古籍的真伪，审定其写作年代（胡敕瑞，2005）。对于汉语作品进行作者和时代的判断，可以根据作品中某些词语，特别是反映社会情况、典章制度的词语，或者作品中语音、语法、词汇的特点来进行考定（蒋绍愚，2015）。

汉译佛经是汉语历史文献语言的一个非自然变体，作为典型的基于文献翻译的非自然语言接触产物，其语言中除了汉语之外，还混合了以梵语为主的外来语成分。因此对于汉译佛经语料的鉴别和译者的判定，可以尝试运用内部和外部双重语言学证据相结合的方法。内部证据，即从汉语本身的语言特征出发，提取具有常用性、规律性、联系性和时代性的语料鉴别词，考察不同译者的语言风格和使用习惯。外部证据，即将梵文原典和汉译本逐词逐句地平行对比，借助梵汉对勘材料，考察不同时代不同译者的翻译特征和翻译策略。

本节将兼顾内部和外部双重语言学证据对《佛所行赞》的译者进行考辨。《佛所行赞》的译者在历代各家经录上的记载中，主要有两种说法，一为宝云，一为昙无谶，若采用语言学的方法，就需要将汉译《佛所行赞》分别跟宝云译经和昙无谶译经进行语言上的对比分析。下面将基于经录记载以及已有的研究，梳理宝云和昙无谶的译经，从而确定对比的范围和对象。

2.3.1 宝云和昙无谶的生平与译经情况

《高僧传》卷三中有这样一段对宝云的记载：

> 释宝云，未详氏族，传云凉州人。少出家，精懃有学行，志韵刚洁，不偶于世，故少以方直纯素为名，而求法恳恻，亡身殉道，志欲躬睹灵迹，广寻经要。遂以晋隆安之初远适西域，与法显、智严先后相随，涉履流沙，登踰雪岭，懃苦艰危，不以为难。遂历于阗、天竺诸国，备睹灵异，乃经罗刹之野，闻天鼓之音，释迦影迹多所瞻礼。云在外域遍学梵书，天竺诸国音字诂训悉皆备解。后还长安，随禅师佛驮跋陀业禅进道。俄而禅师横为秦僧所擯，徒众悉同其咎，云亦奔散。会庐山释慧远解其擯事，共归京师，安止道场寺。众僧以云志力坚猛，弘道绝域，莫不披衿咨问，敬而爱焉。云译出《新无量寿》，晚出诸经，多云所治定。华戎兼通，音训允正，云之所定，众咸信服。初关中沙门竺佛念善于宣译，于苻姚二代显出众经，江左译梵，莫踰于云。故于晋宋之际，弘通法藏，沙门慧观等

> 咸友而善之。云性好幽居，以保闲寂，遂适六合山寺，译出《佛本行赞经》。山多荒民，俗好草窃，云说法教诱，多有改更，礼事供养，十室而八。顷之道场慧观临亡，请云还都，总理寺任，云不得已而还，居道场岁许，复更还六合。以元嘉二十六年终于山寺，春秋七十有四。其游履外国，别有记传。（T50，no. 2059，p. 339，c18 - p. 340，a14）

根据《高僧传》的这段记载，宝云为凉州中土僧人，曾与法显、智严前后相随，到达于阗、天竺，学习梵语，回到长安之后，跟随佛陀跋陀罗学习。宝云译经主要有两部，除了本书要讨论的《佛所行赞》以外，还有一部为《新无量寿经》，该经在很多记载中又名《无量寿经》，故下文均统称为《无量寿经》。关于《无量寿经》的译者和翻译时间，目前学界也存有很多争议。

现存《无量寿经》共二卷，收于《大正藏》第十二册，题署为三国魏康僧铠译。但是僧祐《出三藏记集》卷二关于《无量寿经》的记载并未提及该译本："支谦出《阿弥陀经》二卷。竺法护出《无量寿》二卷，或云《无量清净平等觉》。鸠摩罗什出《无量寿》一卷。释宝云出《新无量寿》二卷。求那跋陀罗出《无量寿》一卷。"（T55，no. 2145，p. 14，a22 - 23）直到《开元释教录》卷十一中才开始有记录："《无量寿经》二卷，曹魏天竺三藏康僧铠译(第四译)。"（T55，no. 2154，p. 586，c1 - 2）隋唐其他经录中则是将该经列为竺法护所译。

学者们根据这些经录记载，从文献学的视角展开了讨论，目前主要有三种看法。

第一，《无量寿经》为宝云独立翻译。小野玄妙(1983:85)指出："宝云所译经典，《出三藏记集》仅列《无量寿经》与《佛所行赞》二部。其中，永初二年(421 年)于道场寺译出《新无量寿经》，佛驮跋陀罗名下，亦列有相同经目。然此非僧祐之记文，乃为后人所窜入者。""僧祐自始即未承认佛驮跋陀罗译本之存在。""现行之《无量寿经》，确为宝云所译，无论译文、译语，均不愧为出于当代第一名家之手笔。而将之拟为曹魏时代译本，可谓昏愚透顶，至少亦是不明三国时代译经面目之无识侪辈，始出此等无识之言。”

第二，为竺法护所译。野上俊静(1949)提出，大谷大学图书馆藏《无量寿经》敦煌本神瑞写经的跋文中书有“大魏神瑞二年四月弟子王澄为父母供养经”，“大魏神瑞二年”为公元415年，这说明神瑞写经的年代在公元421年以前，也就是史称佛陀跋陀罗或宝云译出《无量寿经》的前六年所写。跋文的时代说明《无量寿经》早在421年之前即已传世，并非佛陀跋陀罗或宝云于421年所译的《无量寿经》，由此他推断敦煌本神瑞写经的《无量寿经》应是竺法护的译本。

第三，佛驮跋陀罗和宝云共译，后由宝云修正。持这种看法的有望月信亨(1986)、辛岛静志(1999)、李晶(2019)等。李晶(2019:9)对该说法进行了比较细致的梳理和全面的总结：(1)《开元释教录》卷十四：“《新无量寿经》二卷，东晋天竺三藏佛陀跋陀罗译(亦云宋永初二年出第八译)，《新无量寿经》二卷，宋凉州沙门释宝云译(第九译)。”(T55, no. 2154, p. 626, c13－14)可知佛驮跋陀罗译《新无量寿经》于刘宋永初二年，又《出三藏记集》两处记载《新无量寿经》：“《新无量寿经》二卷(永初二年于道场出)。(T55, no. 2145, p. 11, c12－13)“《新无量寿经》二卷(宋永初二年于道场寺出，一录云于六合山寺出)。”(T55, no. 2145, p. 12, a24－25)由此判断宝云所译《新无量寿经》两卷的时间同为刘宋永初二年，同时同地翻译同一佛经，故《出三藏记集》两处所载极有可能为同一事，即该经乃佛驮跋陀罗与宝云共译。同时《出三藏记集》之《新集异出经录》所刊《无量寿经》异译本，仅列了宝云译本，未列佛驮跋陀罗译本，进而推定《无量寿经》也许最初是二人共译，后来由宝云修正而成，这才有了《出三藏记集》的记载，即“《无量寿经》(支谦出《阿弥陀经》二卷，竺法护出《无量寿》二卷，或云《无量清净平等觉》，鸠摩罗什出《无量寿》一卷，释宝云出《新无量寿》二卷，求那跋陀罗出《无量寿》一卷。)”。(2)《晋世杂录》等所载“康僧铠译《无量寿经》”,应当为《无量清净平等觉经》,是《平等觉经》译者之异说。竺法护的《无量寿经》一名《无量清净平等觉经》,《出三藏记集》虽有确载,然《历代三宝纪》等仍以为别经,故拟《平等觉经》为后汉支谶译,《无量寿经》为康僧铠译。(3) 宝云的译经之所以被称为《新无量寿经》,可能是因为与古译《大阿弥陀经》《平等觉经》分别而言。如,古译没有最初的前序,阿弥陀佛的本愿是二十四愿,而宝云译经有前序,愿数为四十八愿,故被称为《新无量寿经》。

由此可见,宝云译经数目并不多,经录记载中除了我们需要讨论和考察的《佛所行赞》之外,仅有一部《无量寿经》,而该经究竟是否为宝云所译尚存争议,因此并不适合用于对比。

昙无谶,中天竺人,初随佛陀耶舍学习小乘,后遇白头禅师“专业大乘”。由于触怒国王,乃携大涅槃经本等,避于龟兹,后至姑臧。“河西王沮渠蒙逊闻谶名,呼与相见,接待甚厚。蒙逊素奉大法,志在弘通,请令出其经本。谶以未参土言,又无传译,恐言舛于理,不许。于是学语三年,翻为汉言,方共译写。”(《出三藏记集》卷十四,T55, no. 2145, p. 103, a24－28)

关于昙无谶的译经,僧祐《出三藏记集》卷二中列有十一部,分别为:《大般涅槃经》三十六卷;《方等大集经》二十九卷;《方等王虚空藏经》五卷;《方等大云经》四卷;《悲华经》十卷;《金光明经》四卷;《海龙王经》四卷;《菩萨地持经》八卷;《菩萨戒本》一卷;《优婆塞戒》七卷;《菩萨戒经》八卷;《菩萨戒优婆戒坛文》一卷。小野玄妙(1983:74)指出:“其中《菩萨戒本》一目,即是《菩萨戒经》,此事乃僧祐法师亲自所明记。此一目想必是后人不知其来由,乃于无意间添加者……除此一目,则为十一部无误。”

唐代智升《开元释教录》卷四记载昙无谶译经“一十九部一百三十卷”,与《出三藏记集》相比,少了《方等王虚空藏经》和《菩萨戒经》两部,多出了《大方广三戒经》《腹中女听经》《文陀竭王经》《佛所行赞经传》《胜鬘经》《罗摩伽经》《楞伽经》《须真天子经》《功德宝光菩萨经》等九部。

现存于《大正藏》中题署为昙无谶所译的佛经共有 12 部，经吕澂《新编汉文大藏经目录》考证，真正属于昙无谶所译的佛经只有 9 部 107 卷，分别为：《大般涅槃经》三十六卷、《大方等大集经》三十卷、《悲华经》十卷、《方等大云经》六卷、《金光明经》四卷、《菩萨戒本》一卷、《优婆塞戒经》七卷、《菩萨地持经》八卷、《佛本行经》五卷。而《大方广三戒经》三卷、《文陀竭王经》一卷和《腹中女听经》一卷当为失译，误作昙无谶所译。

本节从中选择《金光明经》和《悲华经》作为昙无谶译经的代表作品，与《佛所行赞》展开语言学视角的对比，这主要出于以下三个方面的考虑。

首先，《金光明经》和《悲华经》这两部佛经的翻译时代较为明确。关于《金光明经》最早的记载，见梁僧祐《出三藏记集》："《金光明经》四卷。"(T55, no. 2145, p. 11, b17)该句在宋元明其他版本中有异文的情况，即"《金光明经》四卷。(玄始六年五月出)"。由此，我们可以推断，《金光明经》为昙无谶于玄始六年(417 年)翻译。《悲华经》共十卷十四品，根据《高僧传》卷二中对昙无谶的记载："谶临机释滞，清辩若流。兼富于文藻，辞制华密。嵩、朗等更请广出诸经，次译《大集》《大云》《悲华》《地持》《优婆塞戒》《金光明》《海龙王》《菩萨戒本》等，六十余万言。谶以《涅槃经》本，品数未足，还外国究寻，值其母亡，遂留岁余。后于于阗，更得经本《中分》。复还姑臧译之。"(T50, no. 2059, p. 336, a26 - b3)可见，《悲华经》译出年代当与《金光明经》相差不远。

其次，《悲华经》的内容与《佛所行赞》有相似之处，都是叙述佛陀成佛的经过，因此两部佛经同时收于《大正藏》本缘部，该部"是以佛传为主的佛陀及关系者之本(前)生因缘、譬喻故事等之集大成"(《大正藏经索引》)。表达相似的内容必然会涉及相同的概念，不同时代不同译者就可能采取不同的翻译方法，或音译，或意译，即使采用了相同的翻译方法,但可能会使用不同的词汇表达形式,这样在语言上自然会体现出不同的翻译风格、个性特色,甚至地域和时代上的差异,这些对译者和翻译时代的鉴别与考证都是十分有帮助的。

再次,《佛所行赞》和《金光明经》篇幅相当,而且均有校勘精良的梵文原典。《佛所行赞》共五卷,总计 46000 余字,《金光明经》共四卷,总计 35000 余字。这两部佛经目前都有梵文原典可与汉译本对勘,《金光明经》梵本主要依据日本学者南条文雄、泉芳璟校订的《梵文金光明最胜王经》。南条文雄自 1881 年至 1915 年将藏于欧洲、日本的若干写本进行对校,泉芳璟在此基础上又与汉译本、藏译本对照,最终形成该梵本。这些梵文原典材料的存在,有助于切实体认不同译者的翻译方法和风格特征,为《佛所行赞》译者的鉴别提供可靠的外部证据。

2.3.2 基于内部语言学证据的《佛所行赞》译者考察

对于汉译佛经译者的考辨,狄雍(1985:96 - 97)较早进行过专门讨论:“汉译佛典的译者的著录常有错误,使人难以确定,所以研究起来十分复杂。汉文藏经中收有颇多译经录,最早是道安的经录,作于公元 374 年。但在这些经录中,常有互相矛盾的记载。”因此,要考辨汉译佛经的译者,应该对译经者的用词(terminology)的研究着手,“此中内在判准(internal criterion)确实是最重要的”。“我们不能单独研究一经,必须有系统地研究该译经者的全部译籍。”“我们无须限制自己只是研究译经者的用词,其所用的语汇(vocabulary)及文体特色亦可以考虑。”之后曹广顺、遇笑容(2000:9)提出了汉译佛经语料的鉴别标准:“用语言标准给古代文献断代或判定作者,是一种较可靠并行之有效的办法,已经有许多学者作过有益的尝试。在这种研究中,最重要,也是最困难的,应是选定语言标准。这些标准必须普遍性好、规律性强,只有如此,它们才可能广泛使用、才可能得出准确、可靠的结论。”方一新(2009)及方一新、高列过(2012)又进一步针对早期汉译佛经语料鉴别词的提取,提出了四条原则，即常用性、规律性、联系性和时代性。常用性是量的原则，指有一定的使用量。规律性指的是可以类推，即鉴别词应该有规律、具有可推导性。联系性指应注意词语之间的联系与比较。时代性则是更替的原则，即指明当时不该用何词，进而说明所考辨的年代使用的是什么词，以明演变。

对梵汉对勘材料而言，鉴别词的提取着眼于汉译佛经本身的语言特征，是判定汉译佛经文献译者和翻译时代的内部证据。与一般词汇相比，总括副词、时间副词和完成貌中的完成动词通常不会受到文本内容的限制，且不同时代、不同译者会有不同的选择，因此这三类词都具有常用性、规律性和时代性，适合用作判定汉译佛经译者和时代的鉴别词。

总括副词和时间副词是汉语副词中两种重要的类型，作为汉语中的常用副词，均存在历时替换的关系。上古汉语总括副词主要有“皆”“咸”“俱”“具”“悉”等，中古时期新产生了“都”，一直沿用到现代汉语中。时间副词“即”和“便”，都可以表示短时间内发生，相当于“马上”“立即”，或者表示两件事情时间距离近，或某件事紧接着另一件事后发生。上古汉语主要用“即”，中古时期产生了“便”，近现代汉语则以“就”为主导词。历时更替过程中，新旧副词使用次数的多少与作品的时代以及语料的口语化程度都密切相关。一般来说，口语化程度越高、时代相对较晚的作品中，新兴的总括副词和时间副词使用频率也会相对较高。

完成动词“毕”“竟”“讫”“已”表示终了、完毕义，构成 V＋(O)＋CV(完成动词)的格式。但是这四个完成动词性质并不完全一样，从使用频率上来看，“已”在汉译佛典中用得较多，但在中土文献中较少使用或基本不用，即使像《洛阳伽蓝记》这本关于佛教的书，由于不是佛典的翻译作品，而是中土人士的著作，其中也没有完成动词“已”(蒋绍愚，2001:73)。可见，完成貌中的完成动词可用作区分中土和外国不同国别译者的鉴别词。前文已经交代,《佛所行赞》译者主要的争议在于宝云和昙无谶,二人时代相差不远,但是前者为中土僧人,后者为外国僧人,国别不同,他们在佛经翻译过程中对完成动词的使用应该会表现出不同的倾向。

综上,本节拟在前辈时贤研究的基础上,对比分析总括副词、时间副词和完成貌中的完成动词在《佛所行赞》《悲华经》《金光明经》这三部佛经文献中的使用情况,基于语言学内部证据来考察《佛所行赞》的译者问题。

2.3.2.1　总括副词的使用情况

《佛所行赞》中主要用"悉",共出现了 190 次,占该部佛经中所有总括副词的 59.6%,例如:

> 母悉离忧患,不生幻伪心。(p. 1, a15)
>
> 一切诸世间,悉得安隐乐。(p. 1, c17 - 18)

其次是"皆"(52 次),"俱"(33 次),"咸"(14 次),"具"6 次,最少的是"都",仅见 1 例。

> 今我见其子,犹是本光颜,心踈气高绝,都无荫流心。(p. 37, a2 - 3)

《悲华经》中"悉"和"皆"的使用频率比较高,前者共出现了 202 次,后者共出现 137 次,占比分别为 49.3%和 33.4%。副词"都"使用较少,只出现了 2 次,即:

> 七十九佛所得寿命都合半劫,汝之寿命亦得半劫,如前所愿悉得成就。(《诸菩萨本授记品》,T03, no. 157, p. 198, a12 - 14)
>
> 尔时,众生都不忆念佛色身相,唯见毛孔,有妙园观,其园观

中，有诸宝树，其树复有种种茎叶，华果茂盛，种种宝衣、天幡、幢盖、天冠、宝饰、真珠、璎珞，所有庄严，譬如西方安乐世界。(《入定三昧门品》，T03, no. 157, p. 232, b20 - 24)

《金光明经》中总括副词也主要使用"悉"和"皆"，其中"悉"有89次，"皆"35次，占比分别为53.6%和21.1%。此外，"俱""都""咸"也有少部分用例，"俱"出现了6次，"都"出现了2次，"咸"1次，还有2例为"咸悉"连用的情况。如：

汝等若能护念此经，悉能消伏一切诸苦，所谓怨贼饥馑疾疫。(《四天王品》，T16, no. 663, p. 341, b10 - 11)

如是三千大千世界，所有种种香烟云盖，皆是此经威神力故。(《四天王品》，T16, no. 663, p. 342, c27 - 29)

尔时亦有无量无边百千众生，与菩萨俱往耆阇崛山，至于佛所。(《懺悔品》，T16, no. 663, p. 336, b18 - 19)

五谷果实，咸不滋茂。(《正论品》，T16, no. 663, p. 347, b8)

我从昔来多弃是身都无所为。(《舍身品》，T16, no. 663, p. 354, b18 - 19)

总括副词在《佛所行赞》《佛本行经》和《金光明经》中的出现次数如表2-2所示。

表2-2 《佛所行赞》《悲华经》《金光明经》总括副词使用情况对比

总括副词	《佛所行赞》使用次数/占比	《悲华经》使用次数/占比	《金光明经》使用次数/占比
悉	190/59.6%	202/49.3%	89/53.6%
皆	52/16.3%	137/33.4%	35/21.1%
俱	33/10.3%	6/1.5%	6/3.6%

续 表

总括副词	《佛所行赞》使用次数/占比	《悲华经》使用次数/占比	《金光明经》使用次数/占比
具	6/1.9%	3/0.7%	3/1.8%
咸	14/4.4%	2/0.5%	1/0.6%
都	1/0.3%	2/0.5%	2/1.2%
悉皆	19/5.9%	23/5.6%	16/9.6%
皆悉	4/1.3%	35/8.5%	14/8.4%
总计	**319/100%**	**410/100%**	**166/100%**

由表 2－2 可见，《佛所行赞》《悲华经》《金光明经》三部佛经中使用最多的总括副词均是“悉”，分别约占所有总括副词的 59.6%、49.3%和53.6%，新兴的总括副词“都”在三部佛经中使用频率都不高，仅占到0.3%、0.5%和 1.2%。总括副词的统计数据表明，这三部佛经的差异性并不大。但是值得注意的是，《佛所行赞》中“俱”的使用频率相对较高，占到 10.3%，而《悲华经》《金光明经》中仅有 1.5%和 3.6%。此外，在副词连用的时候，《佛所行赞》更倾向于使用“悉皆”，不同于《悲华经》和《金光明经》，这在一定程度上说明《佛所行赞》在总括副词的使用上有自己的使用习惯。

2.3.2.2　时间副词“即”“便”的使用情况

《佛所行赞》中时间副词“即”使用了 70 次，占比为 95.9%，而“便”只出现了 3 次，约占 4.1%：

如是竟日夜，观察彼所行，不见真实义，则便欲舍去。（p. 13，b16－17）

汝以平等心，善诲无爱憎，但当虚心受，所愿便已获。（p. 22，c5－6）

复从初禅起，入于第四禅，出定心无寄，便入于涅槃。（p. 49，c26－27）

《悲华经》和《金光明经》在时间副词的使用上表现出几乎完全一致的特点，均大量使用副词“即”，占比分别为84.9%和84.1%，新兴的时间副词“便”的占比分别为9.3%和9.7%，而且这两部佛经中都出现了“即便”连用的情况，但这种情况在《佛所行赞》中未见。例如：

是菩萨摩诃萨过七岁已，即便得是解了一切陀罗尼门。(《悲华经·陀罗尼品》，T03，no. 157，p. 172，b21-22)

作是念已，即便自以圣王神力，与无量大众前后围遶，出安周罗城向阎浮林。(又《大施品》，T03，no. 157，p. 175，a10-12)

自生厌离即便还去，寻得清净无垢三昧。(又《诸菩萨本授记品》，T03，no. 157，p. 194，c29-p. 195，a2)

我等四王及馀眷属无量鬼神，即便不得闻此正法，背甘露味失大法利，无有势力及以威德，减损天众增长恶趣。(《金光明经·四天王品》，T16，no. 663，p. 343，b23-25)

思惟是已，即便入水作如是言。(又《流水长者子品》，T16，no. 663，p. 353，a26-27)

是虎尔时见血流出污王子身，即便舐血噉食其肉，唯留馀骨。(又《舍身品17》，T16，no. 663，p. 354，c24-25)

时间副词“即”“便”和“即便”连用的情况在《佛所行赞》《悲华经》和《金光明经》中的出现次数如表2-3所示。

表2-3 《佛所行赞》《悲华经》《金光明经》时间副词使用情况对比

时间副词	《佛所行赞》 使用次数/占比	《悲华经》 使用次数/占比	《金光明经》 使用次数/占比
即	70/95.9%	384/84.9%	95/84.1%
便	3/4.1%	42/9.3%	11/9.7%
即便	0/0	26/5.8%	7/6.2%
总计	**73/100%**	**452/100%**	**113/100%**

统计结果表明，时间副词“即”在《佛所行赞》《悲华经》《金光明经》三部佛经中使用频率最高，副词“便”在《悲华经》和《金光明经》中的使用频率占比基本相同，分别为9.3%和9.7%，而在《佛所行赞》中的占比相对较低，仅占4.1%。值得注意的是，“即便”两词连用的情况在《悲华经》和《金光明经》中均有出现，但是未见于《佛所行赞》。

2.3.2.3 完成貌句式中完成动词的使用情况

“汉代到魏晋南北朝，最常用的完成貌句式是：动词+(宾语)+完成动词。这个句式，可用作完成动词的动词有多个，不同时代、不同的作者会有不同的选择。”（遇笑容、曹广顺，1998：5）《佛所行赞》和《悲华经》《金光明经》在完成动词的选择上并不相同。《佛所行赞》中的完成动词有“已”“讫”“毕”①，其中“已”有30见，“毕”11见，“讫”2见。如：

> 如是劝请已，奉辞还梵天。（p. 28，c7）
>
> 饭食说法毕，行诣鸠夷城。（p. 46，b5）
>
> 食讫漱清流，乐静安白山。（p. 19，b25）

但《悲华经》和《金光明经》中的完成动词只有“已”和“讫”两个，不用“毕”，如：

> 说是法已，默然而止。（《悲华经·大施品》，T03，no. 157，p. 175，a16－17）
>
> 食已行水收举钵讫，即于一面坐卑小床，欲听妙法。（又《大施品》，T03，no. 157，p. 177，b11－12）
>
> 至佛所已，顶礼佛足右绕三匝。（《金光明经·忏悔品》，T16，no. 663，p. 336，b19－20）
>
> 语讫即去。（又《嘱累品》，T16，no. 663，p. 359，a14）

① 统计数据不包括“毕已”“毕竟”“毕讫”连用的情况。

完成动词在《佛所行赞》《悲华经》和《金光明经》中的出现次数如表 2-4 所示。

表 2-4 《佛所行赞》《悲华经》《金光明经》完成动词使用情况对比

完成动词	《佛所行赞》 使用次数/占比	《悲华经》 使用次数/占比	《金光明经》 使用次数/占比
已	30/69.8%	366/99.7%	45/97.8%
毕	11/25.6%	0/0	0/0
讫	2/4.6%	1/0.3%	1/2.2%
总计	**43/100%**	**367/100%**	**46/100%**

完成动词“已”在《佛所行赞》《悲华经》和《金光明经》三部佛经中的使用频率均是最高的，但是《佛所行赞》的译者还习惯使用完成动词“毕”，占到所有完成动词的 25.6%，而在《悲华经》和《金光明经》中未曾出现完成动词“毕”。由此可见，《佛所行赞》与《佛本行经》和《金光明经》在完成动词的使用上存在比较明显的差异。

2.3.2.4 语言学内部证据的量化呈现

内部证据层面，为了更直观展现并对比《佛所行赞》《悲华经》《金光明经》三部文献的语言特征，笔者将总括副词、时间副词和完成貌中的完成动词的使用占比情况转化为雷达图(Radar Plot)的形式。雷达图，又名网图、蛛网图或多芒星图，由从中心点引出的若干轮辐线(称为轴)以及之间的连线组成，这种图有助于观察多个轴所表征的数据对总体的影响。具体如图 2-1 所示。

由图 2-1 可以看出以下三个现象：

第一，《悲华经》和《金光明经》在总括副词、时间副词以及完成动词方面，表现出比较一致的使用情况，尤其是时间副词和完成动词在图中几乎完全相同，这说明每个译者都有其使用习惯和特点，即使撰写或翻译不同内容的作品，同一译者在使用这些词语的时候仍然保持一致性。同时，这也说明本节所选取的鉴别词是有效的。

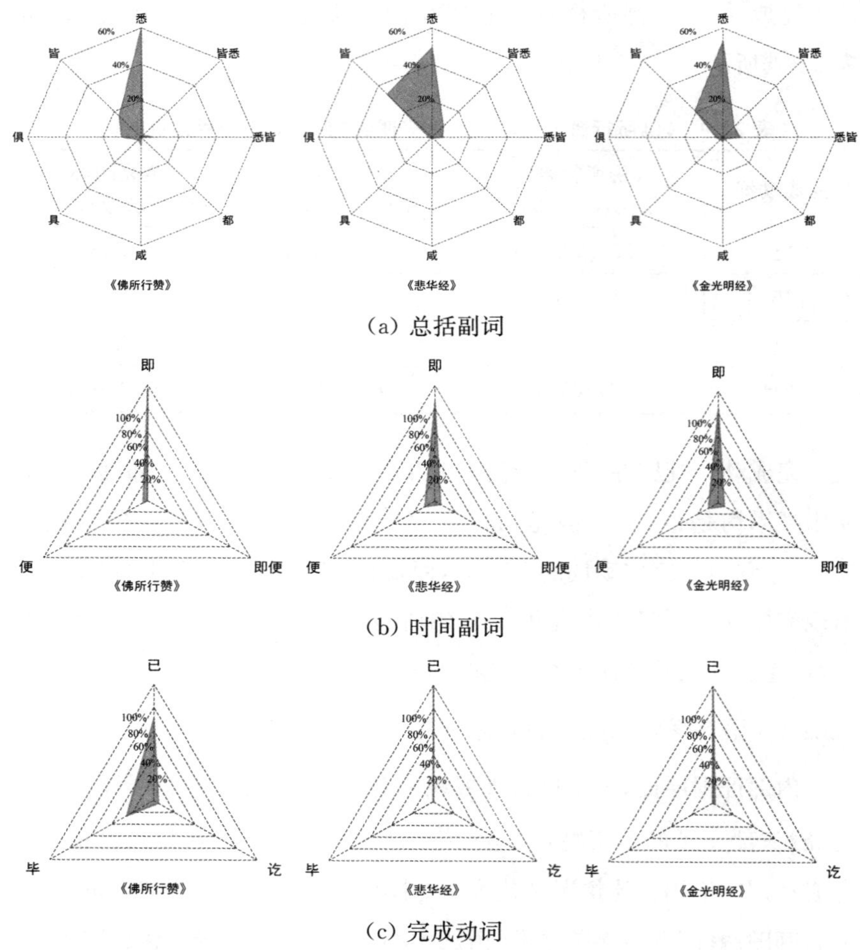

(a) 总括副词

(b) 时间副词

(c) 完成动词

图 2-1　语言内部证据量化数据表示

第二,《佛所行赞》和《悲华经》《金光明经》在总括副词、时间副词的使用上有同有异。本节所选取的总括副词“悉”“皆”和“都”、时间副词“即”和“便”在历史发展进程中都存在新旧替换的现象,三部佛经在这些副词的使用和选择上比较一致,即大量使用“悉”“皆”和“即”,而新兴产生的“都”和“便”在三部佛经中总体比例都不高,这说明《佛所行赞》的译经年代与《悲华经》和《金光明经》大体上相同。但是《佛所行赞》在用词习惯上又有不同于《悲华经》和《金光明经》的地方,具体表现为:总括副词“俱”在《佛所行赞》中的使用次数占比为 10.3%，远高于《悲华经》和《金光明经》，“俱”在这两部佛经总括副词中的占比仅为 1.5%和 3.6%。时间副词上，“即便”连用的情况在《佛所行赞》中未曾出现过，但在《悲华经》和《金光明经》中分别出现了 26 次和 7 次。

第三，《佛所行赞》和《悲华经》《金光明经》在完成动词的使用上差异比较明显。三部佛经虽然都大量使用完成动词“已”，但是在《佛所行赞》中的占比仅为 69.8%，而在《悲华经》和《金光明经》中的占比高达 99.7%和 97.8%。完成动词“已”的使用区别，与译者是否深谙汉地语言文化有一定关系。本节还对其他一些汉译佛经文献完成动词“已”的使用情况进行了统计，调查结果如表 2－5 所示。

表 2－5　部分汉译佛经完成动词“已”的使用情况

译者	译经	完成动词“已”的占比
支娄迦谶	《道行般若经》	99.2%
	《佛说阿阇世王经》	93.3%
支谦	《大明度经》	82.8%
	《佛说义足经》	81.8%
竺法护	《光赞经》	100%
	《佛说普曜经》	97.0%
鸠摩罗什	《妙法莲华经》	99.2%
	《大庄严论经》	97.8%

笔者调查了语料库中支娄迦谶、支谦、竺法护和鸠摩罗什四位译者的译经，数据显示支谦在完成动词“已”的使用上与其他三位译者表现出一定的差异。支谦译经中完成动词“已”的占比为 82.8%和 81.8%，而支娄迦谶、竺法护和鸠摩罗什三位译者的译经中完成动词“已”的占比非常高，有的甚至达到 100%。这与四位译者的语言背景有一定的关联，他们尽管都是外国僧人，但是支娄迦谶、竺法护和鸠摩罗什是来到中国学习了汉语之后才开始译经活动，而支谦出生在中国，从小生活在

汉地，深受汉文化的熏陶，兼通胡汉语言文字。由此推断，外国僧人，尤其是缺少汉文化熏陶的外国僧人，在完成动词方面更倾向使用“已”。表 2-5 的统计数据及分析结论不仅与昙无谶译经中完成动词的使用情况相吻合，同时也进一步说明《佛所行赞》的译者很可能为中国僧人。

综上，本节的语言学内部证据初步显示，《佛所行赞》与昙无谶译经时代接近，而且应为中土僧人或出生于汉地深谙汉语的外国僧人所译。

2.3.3 基于外部证据的《佛所行赞》译者考察

汉译佛经作为基于翻译展开的间接语言接触的产物，其过程是将梵文原典语言转换成汉语，其目的是在汉语中找到对等项来尽量准确地再现原典语言作品的语义、语法和词汇等特征。因此，本节从语言接触这一视角，借助梵汉对勘材料的外部证据，考察不同译者如何将梵文原典翻译为汉语，尝试从翻译风格去辨析译者。

佛经翻译过程中，译者对梵文词语的翻译通常采用音译和意译两种方式。音译是按照外语词的声音用汉语中音同或者音近字对译，佛教术语、人名、地名、国名等专有名词较多采用这一方式，一般带有鲜明的外来异域色彩。意译是抛弃了外语词原有的语音形式，采用汉语的构词材料，根据汉语的构词方法而创造的新词。意译词的形式与本土词语区别较小，因此，不借助对勘材料，很多意译词较难看出来自外来文化。对于某些相同的梵语词语，不同的译者使用的翻译方法并不相同，有的采用音译，有的采用意译。即使采用相同的翻译方法，不同的译者使用的字或词也可能不同。因此，梵汉对勘材料是鉴别汉译佛经语料非常重要的外部证据。

《金光明经》和《佛所行赞》目前都有校勘精良的梵文原典，笔者选取一些同时出现在两部经中的梵文词语作为参照，比较它们在两部佛经中的翻译风格异同，如表 2-6 所示。

表 2-6 《佛所行赞》和《金光明经》翻译风格对比

梵文词语(英译)	《佛所行赞》汉译	《金光明经》汉译
kula(family)①	族	善
jala-garbha(water-womb)	未译	水藏
sārdham(along with)	同	将;及
anya-tara(either of two)	未译	一向
anu-pūrva(orderly)	未译	遂便
kāruṇya(compassion)	大悲心	悲
anu- rūpa(corresponding)	助悦	随名
paripūrṇa(completely filled)	未译	具足;足满
bhūyas(more)	及;重;复;倍;屡	倍复
praviṣṭa(entered)	出	入
catur-diśa(four direction)	四方	四方;四边
śīghram(quickly)	未译	疾
śakyata(able)	未译	能
śiras(head)	头	头面;头
gaja(elephant)	象	大象
jīvita(living)	命;生	命
sukha(happy)	安乐	快乐

可以看出,相同的梵文词语在《金光明经》和《佛所行赞》中的翻译多不相同。根据《高僧传》卷二的记载:"河西王沮渠蒙逊僭据凉土,自称为王,闻谶名,呼与相见,接待甚厚。蒙逊素奉大法,志在弘通,欲请出经本,谶以未参土言,又无传译,恐言舛于理,不许即翻,于是学语三年,方译写《初分》十卷。"(T50, no. 2059, p. 336, a19-24)可见,昙无

① 括号里为梵文词语的英文解释,根据 Monier-Williams 的《梵英词典》。

谶在译经方面是十分严谨的,《金光明经》的梵汉对勘材料也证明了这一点。表 2-6 中梵文复合词"jala-garbha",该复合词前半部分"jala"义为水(water),后半部分"garbha"义为"子宫;孕育处;发源地"(womb),佛经通常对译为"胎"或者"藏",昙无谶仿照该复合词的每一部分,翻译为"水藏",这表明昙无谶在翻译的时候,不仅语义上,而且形式上也尽量保持与梵文原典语言一致。但是,复合词"jala-garbha"在《佛所行赞》中并未译出。再以梵文"kāruṇya"(同情)为例,《金光明经》将其翻译为"悲",而《佛所行赞》则译为"大悲心"。须说明的是,《金光明经》梵文原典中还有复合词"kāruṇya-citta",该复合词后半部分"citta"是"心"(heart)的意思,对于这一复合词,昙无谶忠于梵文原典的形式,逐一翻译出复合词的每个部分,译为"悲心"。表 2-6 中还有"śīghram"(迅速)一词,在《金光明经》中译为"疾",《金光明经》原典中还出现了"śīghram śīghram"连用的情况,昙无谶采用同义并列的形式,将其译为"驰疾",仍努力保持形式和语义的对应和一致。与《金光明经》相比,《佛所行赞》的译者并不是一一直译。因此,从整体翻译风格上来看,《佛所行赞》和《金光明经》应非同一译者。

2.4 相关讨论:《佛本行经》的译者和翻译年代

《佛本行经》和《佛所行赞》经名相似,这是造成经录记载出现混淆不清的原因之一,甚至一些学者认为《佛本行经》和《佛所行赞》为同经异译,例如方广锠(1992:27;1993:240)均指出:"《佛所行赞》是古印度著名诗人马鸣所著的长篇叙事诗,主要叙述释迦牟尼的生平,属佛传故事。它用诗歌的形式把释迦牟尼的生平传说及佛教的宗教义理巧妙地结合并表达出来,达到很高的艺术水平,在印度文学史上占有重要的地位。该经在我国有二个译本:一是北凉昙无谶译的,五卷本,名字就叫《佛所行赞》;另一个是刘宋宝云译的,七卷本,题名作《佛本行经》。"持此看法的还有肖振士(2014)、王丽娜(2016)等。

周一良(1998:245)提出“《佛本行经》与《佛所行赞》固非一书”,但并没有就此展开详细论述。冯先思(2013)、黄宝生(2015)持相同看法,并对这一问题进行了专门讨论。早期佛经的一经异译的情况比较常见,异译的标准是有一个公共的外文底本,判定两个译本的标准是要看所译出的经文字句上大致可以逐句对照。“大致上是可以认定,梵文本的《佛所行赞》和所谓昙无谶译《佛所行赞》的祖本差距不远,却和《佛本行经》的祖本(假如有的话)有着相当大的差距。而这种文句对应的现象却在梵文本的《佛所行赞》和宝云译注的《佛本行经》之间不存在,每一品所表达的是不能一一对应的,就是在讲述相同故事情节的段落中,哪怕是类似的句子也很难找到。可以说是同一佛传故事的不同演绎。……不能算是同一部经,而是同题材的经。”因此,同经异译的说法是不可信的。(冯先思,2013:50)黄宝生(2015)将《佛所行赞》和《佛本行经》进行了内容上的对比,《佛本行经》的前三品以及《忆先品》《叹定光佛品》和《调达如地狱品》不见于《佛所行赞》,而《佛所行赞》的《合宫忧悲品》《推求太子品》和《父子相见品》则不见于《佛本行经》。其余部分的内容和情节大体一致,其中也有不少细节描写相似处,但无论叙事的详略或文字的表达都存在明显差异,因此不可能是同一部作品。产生时间上,由于《佛本行经》的情节内容相对多于《佛所行赞》,他推测《佛本行经》的产生年代要晚于《佛所行赞》,在创作中可能对《佛所行赞》有所借鉴。(黄宝生,2015:11)

由此可见,无论是经名、译者,还是内容上,《佛所行赞》和《佛本行经》都存在一定的关联,易造成混淆。

《佛本行经》目前收在《大正藏》本缘部 193 号,题署为“宋凉州沙门释宝云译”。僧祐《出三藏记集》将《佛本行经》记为失译,隋法经《众经目录》和唐智升《开元释教录》中列为宝云译经,而隋费长房的《历代三宝记》中则是记为昙无谶译经。本节拟同时对《佛本行经》与《佛所行赞》《悲华经》《金光明经》进行对比,尝试给出语言学视角的判定。

2.4.1 基于内部语言学证据的《佛本行经》译者和翻译时代的考察

《佛本行经》中“皆”的使用频率最高，共出现了 144 次，其次是“俱”，出现了 59 次，“悉”有 22 次，另外“具”11 次，“咸”1 次。值得注意的是副词“都”，共出现了 16 次，如：

若能以手指，举拂世界地，四海诸渊池，一吸能令尽，若能都浑吞。(T04, no. 193, p. 55, c1－3)

三千世界六返动，尽扑魔王并其军，颠倒偃覆都堕地。(T04, no. 193, p. 78, b12－13)

是灭已一切都灭，痴原生死所应灭。(T04, no. 193, p. 78, c11)

一切可胜，都已得胜。(T04, no. 193, p. 87, c24)

长者清信士，都共叉手向，尽五体投地，共遥白佛言。(T04, no. 193, p. 90, b9－10)

当益加我等，若干种苦毒，都来趣会此，共毒治恶物。(T04, no. 193, p. 101, a20－21)

《佛所行赞》《悲华经》《金光明经》中总括副词除了单独使用以外，“悉”和“皆”两个副词连用的情况也比较常见，但《佛本行经》中从未出现过这种连用的情况。总括副词在四部经书中的出现次数如表 2－7 所示。

表 2－7 《佛本行经》与其他佛经总括副词使用情况对比

总括副词	《佛所行赞》使用次数/占比	《悲华经》使用次数/占比	《金光明经》使用次数/占比	《佛本行经》使用次数/占比
悉	190/59.6%	202/49.3%	89/53.6%	22/8.7%
皆	52/16.3%	137/33.4%	35/21.1%	144/56.9%
俱	33/10.3%	6/1.5%	6/3.6%	59/23.3%

续 表

总括副词	《佛所行赞》使用次数/占比	《悲华经》使用次数/占比	《金光明经》使用次数/占比	《佛本行经》使用次数/占比
具	6/1.9%	3/0.7%	3/1.8%	11/4.4%
咸	14/4.4%	2/0.5%	1/0.6%	1/0.4%
都	1/0.3%	2/0.5%	2/1.2%	16/6.3%
悉皆	19/5.9%	23/5.6%	16/9.6%	0/0
皆悉	4/1.3%	35/8.5%	14/8.4%	0/0
总计	**319/100%**	**410/100%**	**166/100%**	**253/100%**

时间副词上,《佛本行经》中除了大量使用"即"之外,还大量使用了"便",有 80 次[①],如:

> 颁宣是法已,便下兜术宫。(T04, no. 193, p. 57, c22)
> 弹指顷之间,便到王宫门。(T04, no. 193, p. 60, c2)
> 若必能保任,便可无忧住。(T04, no. 193, p. 67, a16)
> 太子说已,便前上马。(T04, no. 193, p. 68, c21)

同时《佛本行经》还有"即便"(11 次)、"便即"(1 次)连用的情况:

> 寻时即至,犹日到于,西山之岳,即便下马,入山泽中。(T04, no. 193, p. 69, a6－7)
>
> 王以清净意,前坐青石上,即便启菩萨,因是说偈言。(T04, no. 193, p. 71, c19－20)
>
> 彼时魔王说是言,不能摇动菩萨意,即便发弓捷疾矢。(T04, no. 193, p. 76, c27－28)
>
> 发重愿已,即便散花,在上空中。(T04, no. 193, p. 93, a11)

---

① 统计次数中不包括"即便""便即"连用的情况。

尔时其梵志，承诸王教命，便即行入城，至诸力士所。（T04, no. 193, p. 113, c26－27）

时间副词在《佛所行赞》《悲华经》《金光明经》和《佛本行经》中的出现次数如表 2－8 所示。

表 2－8 《佛本行经》与其他佛经时间副词使用情况对比

时间副词	《佛所行赞》使用次数/占比	《悲华经》使用次数/占比	《金光明经》使用次数/占比	《佛本行经》使用次数/占比
即	70/95.9%	384/84.9%	95/84.1%	110/54.5%
便	3/4.1%	42/9.3%	11/9.7%	80/39.6%
即便	0/0	26/5.8%	7/6.2%	11/5.4%
便即	0/0	0/0	0/0	1/0.5%
总计	**73/100%**	**452/100%**	**113/100%**	**202/100%**

《佛本行经》中的完成动词只有“已”（42 见）和“讫”（2 见）两个，不用“毕”，如：

颁宣是法已，便下兜术宫。（T04, no. 193, p. 57, c22）

于城外食讫，上盘塔名山。（T04, no. 193, p. 71, c3）

完成动词在《佛所行赞》《悲华经》《金光明经》和《佛本行经》中的出现次数如表 2－9 所示。

表 2－9 《佛本行经》与其他佛经完成动词使用情况对比

完成动词	《佛所行赞》使用次数/占比	《悲华经》使用次数/占比	《金光明经》使用次数/占比	《佛本行经》使用次数/占比
已	30/69.8%	366/99.7%	45/97.8%	42/95.5%
毕	11/25.6%	0/0	0/0	0/0
讫	2/4.6%	1/0.3%	1/2.2%	2/4.5%
总计	**43/100%**	**367/100%**	**46/100%**	**44/100%**

本节将《佛本行经》的统计数据绘制为图 2－2，为了与图 2－1 进行比较，此处在时间副词绘图中只绘制了 3 个轴。

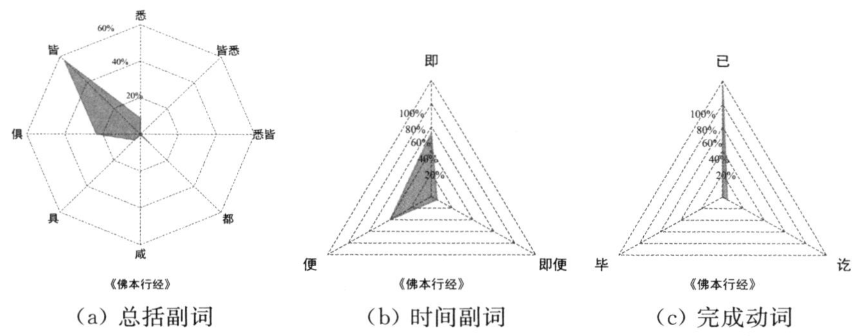

(a) 总括副词　(b) 时间副词　(c) 完成动词

图 2－2 《佛本行经》数据量化呈现

根据以上统计数据，我们可以看到以下两个现象：

第一，《佛本行经》在总括副词和时间副词的使用上，与其他三部佛经表现出比较明显的差异。新兴产生的总括副词“都”和时间副词“便”在《佛本行经》中的使用情况以及占比分别为 6.3％和 39.6％，远高于其他三部佛经。由此可以推断，《佛本行经》的口语化程度要高于《佛所行赞》《悲华经》《金光明经》，翻译时代要晚于这三部佛经。

第二，在完成动词的使用上，《佛本行经》的使用情况与昙无谶译经基本一致，而不同于《佛所行赞》。完成动词“已”的使用占比在《佛本行经》中高达 95.5％，因此可以初步推断《佛本行经》为外国僧人所译。

据此，语言学内部证据初步显示，《佛本行经》的翻译时代要晚于《佛所行赞》《金光明经》《悲华经》，译者或为外国僧人。

2.4.2 基于外部语言学证据的《佛本行经》译者和翻译时代的考察

《佛所行赞》与《佛本行经》内容相似，以描写佛陀生平经历的故事为主线，涉及很多相同的概念和一些表示相同人名、地名的专有名词。笔者发现，除了如“摩罗”“摩竭鱼”“舍利弗”“须弥”几例相同之外，绝大多数都不相同，具体如表 2－10 所示。

表 2-10 《佛所行赞》与《佛本行经》翻译风格对比

梵文词语	《佛所行赞》翻译	《佛本行经》翻译
śuddhodana	净饭	白净王
māyā	摩耶后	妙后
asura	阿修罗	阿须伦
rāhula	罗睺罗	罗云
asita	阿私陀	阿夷
devadatta	提婆达	调达
arāḍa	阿罗蓝	阿兰
vaiśālī	鞞舍离	维耶离
aśoka	无忧王	阿育
kuśinagara	俱夷那竭	拘夷那竭
nairañjanā	尼连禅河	尼连禅江
licchavi	离车	离犍
nirvāpayati	涅槃	大灭

对于相同的概念和专有名词，《佛所行赞》和《佛本行经》采用的翻译方法并不相同。以表中“māyā”（佛陀生母的名字）为例，《佛所行赞》使用音译加注的方法，译为“摩耶后”，《佛本行经》则是采用了意译的方法，译为“妙后”。即使采用相同的翻译方法，两本佛经中使用的记音汉字也并不相同。例如“asura”（天龙八部之一），《佛所行赞》译为“阿修罗”，《佛本行经》则译为“阿须伦”。再以“śuddhodana”（佛陀生父的名字）为例，两部佛经虽然都是采用了意译的方法进行翻译，但是《佛所行赞》将其译为“净饭”，这是使用了仿译的方法。梵文复合词“śuddha-odana”中，前半部分“śuddha”为形容词，义为“干净的”“纯洁的”（pure），后半部分“odana”为名词，意思是“粥”“饭”（porridge, boiled rice）。因此，《佛所行赞》的译者仿照梵文复合词的每个部分，逐一翻出，将其译为“净饭”，而《佛本行经》则是直接意译为“白净王”。

因此,外部语言学证据显示《佛本行经》和《佛所行赞》两者存在较大区别,应非一人所译。

2.5 小结

汉译佛经作为汉语研究的重要材料,要充分发掘其语料价值,就必须首先确考其译者和翻译的时代,从语言学的角度判定译者及其年代是一种行之有效的方法。但是汉译佛经与一般中土文献性质不同,它是基于文献翻译的非自然语言接触的产物,其语言中除了汉语之外,还混合了以梵文为主的外语成分。针对汉译佛经文献中所混合的外语部分,需要从语言接触的视角,将梵文原本和汉译本平行对照,结合外部证据考察不同译者不同时代的翻译风格。针对汉译佛经文献中的汉语部分,则需要从汉语本身特征出发提取鉴别词,基于内部证据考察不同译者不同时代的语言使用特点。

《佛所行赞》的译者在历代经录的记载中并不一致,本章结合外部和内部双重语言学证据,梳理经录记载并进行鉴定,基本结论如表 2 - 11 所示。

表 2 - 11 基于双重语言学证据对经录记载的鉴别

经录	《佛所行赞》译者	《佛本行经》译者	鉴别结论
梁僧祐	宝云	失译	从语言学证据上未出现明显矛盾。
隋法经	宝云	宝云	从外部证据上,《佛所行赞》和《佛本行经》非一人所译;从内部证据上,《佛所行赞》和《佛本行经》的总括副词、时间副词、完成动词使用均存在差异。因此,此记录存疑。
隋费长房、唐道宣	宝云	昙无谶	从内部证据上,《佛本行经》和《金光明经》的总括副词和时间副词使用均存在差异。因此,《佛本行经》应非昙无谶所译,此记录存疑。

续 表

经录	《佛所行赞》译者	《佛本行经》译者	鉴别结论
唐智升	昙无谶	宝云	从外部证据上,《佛所行赞》和《金光明经》的翻译特征不同,从内部证据上完成动词使用均存在差异。因此,《佛所行赞》应非昙无谶所译,此记录存疑。

根据本章的分析,只有梁僧祐的记载未出现明显矛盾,而隋法经、隋费长房、唐道宣、唐智升的记载均存在疑问。因此,基于语言学的内部和外部证据,梁僧祐的记载较为可信,即《佛所行赞》为宝云所译。需要指出的是宝云(376—449)和昙无谶(385—433)两人所处时代相同,译经年代十分接近,因此如果仅从语言学内部证据来看,《佛所行赞》和《金光明经》的语言差异不大,例如图 2-1 中两部佛经在总括副词和时间副词的使用上就存在相似之处。然而,如果进一步结合梵汉对勘材料所提供的外部证据来看,两部佛经的翻译风格则存在明显的差异,因此,双重语言学证据的方法为译者的判定提供了充分有力的证据。

早期译经在《大正藏》的题署仍有不少存疑,例如与《佛所行赞》易混淆的《佛本行经》就存在着相同的问题。关于《佛本行经》,僧祐《出三藏记集》记载为失译,其他经录则记载为昙无谶或者宝云所译。本节将内部证据和外部证据结合的语言学方法同样运用到《佛本行经》译者和翻译年代的判定上,证据显示,该部佛经的翻译时间当晚于宝云或昙无谶,而且为外国僧人所译的可能性较大。

本章针对汉译佛经自身的特殊性质,提出了内部证据和外部证据相结合的语言学方法,不仅可以为类似佛经语料的译者或翻译年代的鉴别提供参考,同时也有助于相对准确地识别并勾勒汉译佛经文献的语言学特征。

第三章 《佛所行赞》词汇的构成、传承与发展

词汇系统作为一种语言或某一特定范围内所有词的集合范畴，通常是就某一共时平面而言的，而任何共时平面上的词汇系统又都是经过漫长时期累积发展融合而成的。《佛所行赞》作为中古汉语这一共时层面的文献，其词汇系统中除了包含一定数量中古时期新产生的词语之外，同时继承了大量上古汉语词语。

本章拟首先从共时层面勾勒出《佛所行赞》词汇构成的整体面貌，并与同时期中土文献进行对比，宏观呈现《佛所行赞》词汇的特点。其次从历时层面，将《佛所行赞》分别与上古和中古时期的文献进行对比，微观考察《佛所行赞》词汇的传承与发展。对于《佛所行赞》中继承自上古汉语的词语，本书称为“传承词”；对于中古时期新产生的词语，本书称为“新词”。二者共同体现了词汇成分的共时性和历时性、语言发展的稳定性和动态性。

本章将对这些承继于上古汉语的词汇和中古汉语出现的新词进行“解剖麻雀”式的考释和描写，力求从不同层次窥探中古汉语词汇的特点，为客观准确构建汉语词汇史的全貌，同时也为大型辞书的修订、古代汉语电子语料库的建立提供基础数据。

3.1 《佛所行赞》词汇构成及其特点

汉译《佛所行赞》全书的词语总计为 4325 个，从它们的语音形式来

看，单音词有1317个，复音词3008个。从复音词的造词方式上来看，语法造词产生的为2329个，语音造词产生的为679个；在语法造词中，并列式复音词最多，共有1041个，其次是偏正式，共有879个；语音造词中，连绵词有40个，音译词639个。《佛所行赞》词汇构成的具体情况如图3-1所示。

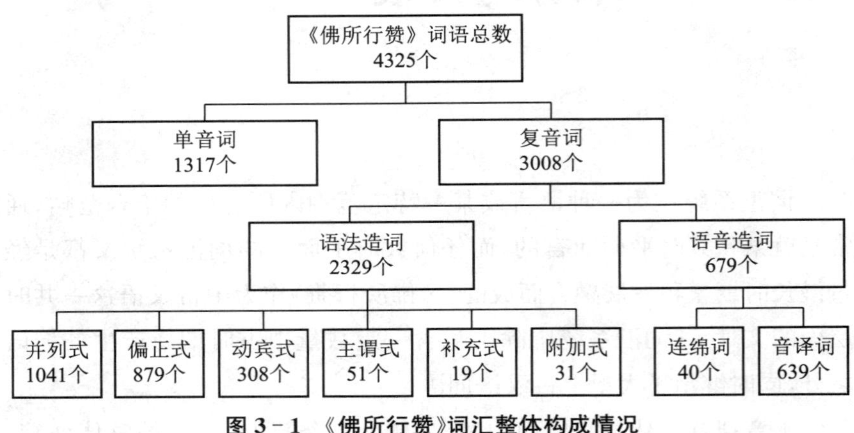

图3-1 《佛所行赞》词汇整体构成情况

笔者在前辈时贤研究成果的基础上，将中古汉语词汇置于整个汉语词汇史的框架和背景之下，梳理并归纳了中古汉语词汇的整体概况及其特点。中古汉语词汇主要具有三个特点：复音词数量迅速增长，基本改变了以单音词为主的词汇面貌；语音造词比例降低，语法造词手段更加丰富；外来词第一次大规模进入汉语词汇中（张咏梅等，2016）。《佛所行赞》作为中古时期的传世语料，其词汇整体面貌一方面表现出与中古汉语词汇特点相一致的地方，另外一方面作为翻译佛经，与同时期的中土文献相比又表现出一些差异，折射出汉译佛经文献自身的一些特性。

首先，《佛所行赞》中复音词数量多，不同于上古以单音词为主的词汇面貌，而且其复音化程度高于同时期的中土文献。很多学者指出汉语词汇复音化（其中以双音词为主）是中古汉语词汇发展的一个重要标志，该现象肇始于先秦，“从汉语本身发展的内在规律看，汉语词汇终将实现双音化，但是这个进程在魏晋以前是极其缓慢的，而进入中古以后，双音化的步伐突然加快，在短短的二三百年中词汇系统（主要指文献语言的词汇系统）以单音词为主的面貌就得到了根本的改观”（朱庆之，1992b：297）。与中古中土文献相比，汉译佛经文献由于自身的特殊性质，复音化程度相对要更高一些。《佛所行赞》总词数为 4325 个，其中复音词有 3008 个，若仅从词形（不计频率）上来看，复音词所占比例为 69.5%，这个比例不仅高于上古汉语，同时也高于同时期的中土文献。本章基于台湾地区“中央研究院古汉语语料库”，对中古时期（东汉至隋）一些代表性中土文献的复音词占比情况进行了统计，具体统计结果如表 3－1 所示。

表 3－1　基于标记语料库的复音词数统计情况

书名	总字数（个）	总词数（个）	复音词（个）	复音词占比（%）
《世说新语》	68129	6544	4215	64.41
《齐民要术》	107573	7602	4849	63.79
《抱朴子内篇》	74720	7106	4631	65.17
《颜氏家训》	34530	5321	3324	62.47
《洛阳伽蓝记》	29783	4893	2908	59.43

需要指出的是，以上复音词数量及占比的量化统计中，并未考虑复音词和单音词的使用频率，因此语料篇幅的长短对统计结果会产生一定影响。随着语料篇幅长度的增加，语料中的单音词不可能有明显的增加，而复音词数量仍会有一定的增长，因此一般来说，篇幅越长，复音词占据材料总词语数的比例就会越大（邱冰，2014）。表 3－1 的统计数据表明，在中古汉语的五部文献中，《颜氏家训》总字数为 34530 个，与《佛所行赞》字数相当，其复音词比例为 62.47%，低于《佛所行赞》的 69.5%。《世说新语》《齐民要术》《抱朴子内篇》的总字数都要超过《佛所行赞》，尤其是《齐民要术》，其总字数超过 10 万字，为《佛所行赞》总字数的 2.5 倍，但是这些文献中复音词的比例也均低于《佛所行赞》。这

在一定程度上可以说明《佛所行赞》的复音化程度要高于同时期的中土文献。

其次,《佛所行赞》中存在大量外来词,语音造词比例要远远高于同时期的中土文献。语音造词是造词法中的早期形式,主要利用同音或者近音音节的自然延长、重复构成单纯复音词,这种方法产生的复音词在上古汉语词汇系统中占有一定的比例。到了中古时期,语音造词产生复音词的比例在中土文献中大大下降。程湘清(2003)曾选取《论衡》中与《论语》《孟子》字数相当的篇幅,对其中的语音造词比例进行了统计和对比。《论语》共 15883 字,语音造词比例为 16.39%,而《论衡》的《雷虚》等五篇 15552 字中,语音造词仅为 8.22%。类似地,《孟子》共 35402 字,语音造词占 15.78%,《论衡》的《命义》等 14 篇,共 35221 字,语音造词仅占 5.54%。本章结合程湘清(2013)的统计数据,将它们与《佛所行赞》的语音造词情况进行对比,结果如表 3-2 所示。

表 3-2 《佛所行赞》《论语》《孟子》《论衡》《世说新语》语音造词比例对比

时期	书名	复音词总词数(个)	语音造词(个)	语音造词所占比例(%)
上古	《论语》	183	30	16.39
	《孟子》	336	53	15.78
中古	《论衡》	2300	101	4.39①
	《世说新语》	2126	129	6.07
	《佛所行赞》	3008	679	21.2

由表 3-2 可知,《论衡》和《世说新语》中的语音造词比例仅有 4.39%和 6.07%,与上古时期的《论语》《孟子》相比,数量上明显下降。这说明中古时期的中土文献,语音方式产生复音词的能力十分有限。《佛所行赞》复音词总数为 3008 个,语音造词产生的有 679 个,其中仅有 40 个为连绵词,而另外 639 个全部都是外来词,这些外来词直接造

① 该处是《论衡》全书语音造词所占比例。

成《佛所行赞》复音词中语音造词比例高达 21.2%，不仅远远高于同时期的中土文献，甚至超过了上古汉语的语音造词比例。中古汉语大量音译词的存在是不同于上古汉语单纯词的一个重要特点。程湘清(2003：255－256)就曾经说过："重迭或部分重迭单纯词，是汉语最早出现的复音词，《论衡》和《世说新语》中许多单纯词是从先秦继承下来的。由于佛教的传入，佛经大量译成中文，所以此时出现相当多的梵语音译词，使既非双声又非迭韵的单纯词大增，这是区别于先秦两汉的一个特点。"

3.2 《佛所行赞》中的上古传承词

在《佛所行赞》的词汇系统中，保留了大量的传承自上古时期的词语，它们在上古文献中习用，到了中古时期仍然活跃于书面文献中。本书将这些词语称为"传承词"。

传承词是一个相对的概念。蒋绍愚(2005：34)在对词进行判断时提到这样一条标准："从历时角度看，同一个词在语言的不同历史时期音和义都会有变化。只要读音变化符合语音发展的规律，意义古今有历史的联系，就是同一个词。"因而，本书判定一个词语是否是传承词的时候，并不要求它从上古到中古在词义和用法上完全相同，而是允许有一定程度上的变化，即传承词包括两种类型：一种是从上古到中古，词语的意义和用法都没有发生变化；另一种是到了中古时期，词语在原词的基础上产生了新的意义或者新的用法。

根据笔者的调查，《佛所行赞》全书的词语总计为 4325 个，传承词 2623 个，占总词数的 60.6%，包括了全书绝大部分的单音词和接近半数的复音词。在这些传承词中，单音词有 1300 个，复音词有 1323 个。复音词根据其内部语素构成又可以分成单纯词和合成词两大类，其中单纯词 23 个，包括叠韵连绵词 6 个、双声连绵词 3 个、双声叠韵 2 个、叠音词 12 个。合成词中，偏正式有 527 个，并列式有 518 个，动宾式有 186

个，主谓式有 36 个，附加式有 25 个，补充式有 8 个。全书传承词的数量及其类型统计如表 3－3 所示。

表 3－3 《佛所行赞》传承词数量及其类型统计

分类			数量(个)	百分比
单音词			1300	49.6%
复音词	单纯词		23	0.9%
	合成词	偏正	527	20.1%
		并列	518	19.7%
		动宾	186	7.1%
		主谓	36	1.4%
		补充	8	0.3%
		附加	25	0.9%

《佛所行赞》中大部分的传承词，它们的意义和用法从上古一直延续到中古时期，没有发生太大的变化，单音词的例子如“天”“地”“人”“日”“月”“马”“象”“明”“离”等，双音词如“王子”“夫人”“朋友”“欢喜”“安静”等，这类词语本章不再逐一考释。还有一部分传承词从上古时期到中古时期发生了变化：一是产生了新的用法，二是产生了新的意义，本章拟展开进一步的讨论。①

3.2.1 产生新用法的传承词

传承词中有一部分，它们的意义从上古到中古基本没有发生变化，但是在中古时期产生了新的用法，典型的例子罗列如下②。

爱

爱言非无义，义言非不爱，爱言非不实，实言非不爱，以有惭愧

① 文中涉及的一些新词新义，已有学者在考释性的文章中提及，本章则是从《佛所行赞》专书词汇的角度进行总结性研究，特此说明。

② 词条按照音序排列。

故，不能如实说。(p. 4, c20－23)

按："爱"在中古时期产生了一个新的用法，即放在名词之前充当定语。上面例句中的"爱"作为修饰成分，修饰后面的名词"言"。"爱"在上古文献中出现频率很高，其语义表示对人或事物怀有很深的感情，如《战国策·赵策四》："父母之爱子，则为之计深远。"或者特指男女间的情爱，如《战国策·齐策三》："孟尝君舍人有与君之夫人相爱者。"也可以表示怜惜、爱惜的意思，如《韩非子·解老》："是以圣人爱精神而贵处静。"还有吝惜、舍不得的意思，如《孟子·梁惠王上》："百姓皆以王为爱也。"此外，还可以表示仁爱、慈爱、亲爱的意思，《左传·隐公三年》："父慈子孝，兄爱弟敬。"无论表达何种意义，"爱"在句子中主要充当谓语，名词跟在其后充当宾语，较少将"爱"放在名词前充当修饰语。到了中古时期，"爱"放在名词前可以充当定语，在佛经文献中多见。以"爱水""爱火"为例，它们在中土文献中均为动宾结构，义为"爱惜水""爱惜火"，例如《韩诗外传》卷三："夏不数浴，非爱水也。""夏不频汤，非爱火也。"但是"爱水""爱火"在佛经文献中为偏正结构，义为"爱欲之水""爱欲之火"。般若流支译《正法念处经》："没在爱水中，不能度众苦，以没生死故，永无有安乐。"(T17, no. 721, p. 338, b20－22)"爱火烧三界，未有得脱期。"(p. 66, c11－12)

倍

复增伎女众，音乐倍胜前。(p. 6, b19)
倍生厌思惟，叹此为奇怪。(p. 7, b18)
其心大欢喜，倍深加宗敬。(p. 14, a4)

按：中古时期"倍"产生了一个新用法，即充当状语。上古时期"倍"表示增加与原数相等的数，如《书·吕刑》："墨辟疑赦，其罚百锾。……剕辟疑赦，其罚惟倍。"《墨子·非攻下》："此皆十倍其国之众，而未能食其地也。”它通常放在数词后，指照原数成倍增加，如《荀子·富国》：“裕民则民富，民富则田肥以易，田肥以易则出实百倍。”中古时期“倍”仍然指“成倍增加”，但是可以充当状语。中土文献中也有用例，如《齐民要术·种桃柰》：“非直滋味倍胜，又得夏暑不败坏也。”

净

斋戒修净德，菩萨右胁生。(p. 1, a24)

净目修且广，上下瞬长睫。(p. 2, a22)

净智修苦行，决定我自知。(p. 18, c9)

按：“净”在中古时期产生了一个新用法，即放在名词前充当定语。上古时期，“净”用作形容词，指“清洁”“干净”，一般多与其他形容词连用，不放在名词前充当定语。中古时期，“净”的基本意义没有发生变化，但是可以放在名词前充当定语，尤其在佛经文献中十分常见，如“净财”“净德”“净水”“净目”“净智”“净法”“净心”等。中土文献中较为少见，目前仅在《齐民要术·养牛马驴骡》中见到1例：“刮取车轴头脂作饼子，著疮上，还以净布急裹之。”除此之外，“净”还可以放在动词前充当状语，如“今当竭其力，净治身口业”(p. 37, b6)。这种用法在中土文献中也出现了，如《三国志·魏书·胡昭传》裴松之注：“自作一瓜牛庐，净扫其中。”《齐民要术·水稻》：“地既熟，净淘种子。”又《种瓜》：“先以水净淘瓜子，以盐和之。”又《造神曲并酒》：“地须净扫，不得秽恶；勿令湿。”《齐民要术》中还出现了“净”用作补语的情况，如《养牛马驴骡》：“先以酸泔清洗净，然后烂煮猪蹄，取汁，及热洗之，差。”又《涂瓮》：“用时更洗净，日曝令干。”“净”作为活跃构词语素的这一新用法的产生在本书第四章中将专门讨论。

满

王今如满月，应生大欢喜。(p. 2, a5)

无尽法为心，面如满月光。(p. 9, a28)

光颜如满月，似味甘露津。(p. 29, a4)

按："满"在中古时期产生了一个新的用法，即放在名词前充当定语。上古时期，"满"主要是用作动词和形容词，但是用作形容词时，一般不放在名词前充当定语，如《吕氏春秋·审时》："后时者，茎叶带芒而末衡，穗阅而青零，多秕而不满。"中古时期，"满"的意义没有发生变化，但是可以放在名词前充当定语，佛经文献中多见，如东汉竺大力共康孟详译《修行本起经》卷二："面如满月色从容，名闻十方德如山。"

双

意专不自觉，形神若双飞。(p. 5, c13)

按：中古时期"双"产生了一个新用法，即放在动词前充当状语。上古时期，"双"多放在名词前充当定语，但是中古时期，"双"可以放在动词前充当状语，如东晋佛陀跋陀罗共法显译《摩诃僧祇律》卷六："安立前二足，双飞后两蹄。"(T22, no. 1425, p. 276, a8)中土文献中也有用例，如《论衡·验符》："唯夏盛时，二龙在庭，今龙双出，应夏之数，治谐偶也。"

言

太子长叹息，而问御者言："但彼独衰老，吾等亦当然?"(p. 6, a5-6)

今故说真言，以表我丹诚。(p. 7, c8)

父王告太子，汝勿说此言。(p. 9, b23)

按：中古时期"言"产生了两个新用法：一是用作动词时，后面可以跟直接引语。上古时期，"言"用作动词表示"言说""说话"，如《左传·隐公六年》："周桓公言于王曰：'我周之东迁，晋、郑焉依。善郑以劝来者，犹惧不蔇，况不礼焉？郑不来矣。'"但是"言"的后面一般不跟直接引语，上古时期只有动词“曰”具备这一用法。到了中古时期,“言”的后面可以跟直接引语,这种用法在佛经文献中十分常见,如三国康僧会译《六度集经》卷一:“佛言:‘时贫人者,吾身是也。累劫仁惠,拯济众生。功不徒朽,今果得佛。号天中天,为三界雄。菩萨慈惠度无极行布施如是。’”(T03, no. 152, p. 2, b4－7)西晋竺法护译《生经》卷四:“阿难白佛言:‘母之至教,莫能大焉!’佛言:‘至哉。’复问佛言:‘将来之世,皆承此教乎?’佛言:‘有从不从,所以者何?’”(T03, no. 154, p. 97, c25－28)《佛所行赞》梵汉对勘材料显示,与“言”相对应的梵文是不变词 iti,而 iti 在梵文中表示引用(thus),其作用就是引出下文将要说的内容。

“言”的第二种新用法是用作名词,可以跟在“说”的后面,充当受事宾语,这种用法在佛经文献中多见,如“说至诚言”“说此言”“说如是言”“说真言”。上古时期“言”用作名词,一般不放在“说”的后面充当受事宾语,如《孟子·万章上》:“此非君子之言,齐东野人之语也。”

3.2.2 产生新义的传承词

有一些传承词在原来词义的基础上于中古时期产生出了新的意义,现列举如下:

安

或为安枕席,或倾身密语。(p. 7, b13)

按:“安枕席”之“安”,义为“安放”“安置”。上古时候多用作形容词,表示“安定”“安全”,如《诗·小雅·常棣》:“丧乱既平,既安且宁。”或者表示“安静”,如《论语·述而》:“子温而厉,威而不猛,恭而安。”中古时期产生一个新义,即用作动词,指“安放”“安排”。最早见于东汉竺大力共康孟详译《修行本起经》卷一:“执持礼乐射艺之具,当出城门。安置一象,当其城门。”(T03, no. 184, p. 465, c8－9)中土文献中也有,如《齐民要术·安石榴》:“其劚根栽者,亦圆布之,安骨、石于其中也。”

抱

难哉彼贤妃，长夜抱忧思。(p. 38, a29)

按："抱"指"怀藏"。上古时期，"抱"用作动词，表示用手臂围住，其动作的对象多是具体的事物或者人，如《公羊传·僖公二年》："虞公不从其言，终假之道以取郭。还，四年，反取虞。虞公抱宝牵马而至。"中古时期引申产生"怀藏"这个新义，最早见于《三国志·魏书·毌丘俭传》裴松之注："退惟不能扶翼本朝，抱愧俛仰，靡所自厝。"东晋陶渊明《停云》："岂无他人，念子实多；愿言不获，抱恨如何！"佛经文献中也多见，更早的用例如西晋竺法护译《阿差末菩萨经》卷二："所以者何？不抱恨故。"(T13, no. 403, p. 590, b26)

承

闻佛兴于世，近住于竹园，承名重其德，即夜诣彼林。(p. 34, b11－12)

彼庵摩罗女，承佛诣其园，侍女众随从，庠序出奉迎。(p. 41, c6－7)

时七国诸王，承佛已灭度，遣使诣力士，请求佛舍利。(p. 52, b26－27)

按：以上例句中的"承"为"闻""听说"义。上古时期，"承"的本义是"承受""接受"，《说文·手部》："承，奉也，受也。"大约东汉后期，逐渐引申为"闻、听说"义。目前中土文献中"承"当"闻"讲的最早用例是《艺文类聚》卷三十二引东汉秦嘉妻徐淑的《答夫秦嘉书》："知屈珪璋，应奉臧使，策名王府，观国之光。虽失高素皓然之业，亦是仲尼执鞭之操也。自初承问，心愿东还；迫疾惟宜，抱叹而已。""承问"的意思就是"听到消息"。最早的佛经用例是东汉昙果共康孟详译《中本起经》卷二："顷承释子端坐六年，道成号佛，为实尔不？是世所美乎？”（T04，no. 196，p. 159，b25－27）又：“佛从本国，与比丘僧千二百五十人俱，游于王舍国竹园中。长者伯勤承佛降尊，驰诣竹园，五心礼足。”（T04，no. 196，p. 156，a7－8）除此之外，“承”和“闻”在佛经文献中还经常连用，构成同义连文的“承闻”。笔者从梵文原典中也找到了“承”表示“闻”义的证明，如竺法护译《正法华经・乐普贤品》有：“我从宝超威王如来佛土来，承今世尊演《正法华经》，故至忍界欲得听受，与诸菩萨无数百千，亦乐听闻所宣道议。”（T09，no. 263，p. 132，c27－p. 133，a1）与此处“承”对应的梵文为śruta一词，śruta为动词√śru的过去被动分词形式，√śru就是“听到”“闻”（to hear，listen）的意思。

除

除受四圣种，诸余世间人，资生各自如，无有他求想。（p. 4，a18－19）

按：该句中“除”与“诸余”相对，义为“除了……（之外）”“不计算在内”。与“除”相对应的梵文是 pṛthak 一词，pṛthak 表示“除……之外”（except）。上古时期，“除”用作名词，义为“台阶”，《说文・阜部》：“除，殿陛也。”也可以用作动词，表示“去掉”“清除”，如《庄子・山木》：“吾愿去君之累，除君之忧，而独与道游於大莫之国。”中古时期逐渐引申表示“不计算在内”“除了”。

悴

鞞舍离亦然，素荣而今悴。（p. 45，b4）

按：该句中“悴”为“枯萎”义。上古时期，“悴”指“忧伤”，《说文・心部》：“悴，忧也。”《文子・上德》：“有荣华者必有愁悴。”中古的时候产生一个新义，即“枯萎”“憔悴”，最早见于东汉佛经文献中，竺大力共康孟详译

《修行本起经》:“物生于春,秋冬悴枯。”(T03, no. 184, p. 466, b29)又《中本起经》:“尔时憔悴,今更光泽。”(T04, no. 196, p. 148, a28)后来中土文献中也多见,如晋陆机《汉高祖功臣颂》:“悴叶更辉,枯条以肄。”《魏书·外戚传下·高肇》:“[肇]朝夕悲泣,至于羸悴。”

滴

长者闻说法,即得于初果,生死海消灭,唯有一滴余。(p. 34, c14 - 15)

按:该句中“滴”义为“水滴”。上古时期,“滴”为动词,表示液体一点一点地落下。《说文·水部》:“滴,水注也。”中古时期产生一个新义,表示一点一点下落的液体,即“水滴”。《玉篇·水部》:“滴,水滴也。”如南朝宋谢惠连《雪赋》:“尔其流滴垂冰,缘霤承隅。”佛经文献中也很常见,最早的佛经文献是东晋佛陀跋陀罗译《佛说观佛三昧海经》卷一:“从面门入,流注甘露,滴滴不绝。”(T15, no. 643, p. 650, c12 - 13)“滴”在佛经文献中还可用作量词,如姚秦弗若多罗译《十诵律》卷二十一:“赞叹不盗,乃至一线一针一滴油分齐。”(T23, no. 1435, p. 157, a16 - 17)

钝

钝根诸众生,见则慧明利。(p. 51, b23)

按:“钝根”之“钝”,义为“迟钝”。上古时期,“钝”指刀剑不锋利,《说文·金部》:“钝,錭也。”《荀子·性恶》:“钝金必将待砻厉然后利。”中古时期引申表示“迟钝”,最早见于《白虎通义·辟雍》:“若既收藏,皆入教学,其有贤才美质知学者,足以开其心;顽钝之民,亦足以别于禽兽而知人伦,故无不教之民。”佛经文献中也多见,如三国支谦译《佛说菩萨本业经》卷一:“见鲁钝人,当愿众生,勇于道义,成四无畏。”(T10, no. 281, p. 448, c19)

访

广访名豪族，风教礼义门。(p. 4, b23)

按：该句中“访”指“查访”“调查”。上古时期，“访”表示咨询、征求意见，《说文・言部》：“访，泛谋曰访。”如《左传・僖公三十二年》：“穆公访诸蹇叔。”中古时期引申产生了“查访”“调查”的新义，中土文献中有《三国志・魏志・崔琰传》：“太祖狐疑，以函令密访于外。”佛经文献中也很常见，如高齐那连提耶舍译《月灯三昧经》卷二：“是病经时久，求医欲治疗，是人数推访，便遇得良师。”(T15, no. 639, p. 558, b21－22)

合

今若独还宫，白王当何言，合宫同见责，复以何辞答。(p. 11, c4－5)

太子拔利剑，如龙曜光明，宝冠笼玄发，合剃置空中。(p. 12, a18－19)

合宫念吾子，虚渴如饿鬼。(p. 16, a20)

一切诸士女，恐怖不出门，合城悉战悚，但闻惊唤声。(p. 41, a1－2)

按：以上例子中的“合”均表示“全部”“整个”，“合宫”“合城”分别为“整个宫殿”“整个城市”的意思，“合”还可以放在动词的前面用作状语，如“合剃”。上古时期，“合”用作动词，与“分”或者“开”相对，表示“合起来”。如《战国策・燕策二》：“蚌方出曝，而鹬啄其肉，蚌合而拑其喙。”中古时期，“合”产生了“全部”这一新义，最早见于东汉支娄迦谶译《佛说阿阇世王经》卷一：“合宫之内悉皆治严，以华香遍之。”(T15, no. 626, p. 396, c27－28)中土文献中也有用例，如《齐民要术》卷十引裴渊《广州记》中有：“罗浮山有橘，夏熟，实大如李，剥皮啖则酢，合食极甘。”

劫

犹如暗冥中，怨贼劫珍宝。(p. 15, b10)

五欲非常贼，劫人善珍宝。(p. 20, b23)

按：以上例中，"劫"义为"抢夺""掠夺"。上古时期，"劫"指"威胁""威逼"，《说文·力部》："人欲去，以力胁止曰劫。"如《左传·定公十年》："孔丘知礼而无勇，若使莱人以兵劫鲁侯，必得志焉。"中古时期，引申产生"抢夺""强夺"的意思。《玉篇·力部》："劫，强取也。"最早见于东汉王充《论衡·答佞》："攻城袭邑，剽劫虏掠。"中土文献中多见，如《太平经·写书不用徒自苦诫》："终竟录籍，无兴兵刃，贼害威劫人命。"佛经文献也很常见，更早的用例如三国康僧会译《六度集经》卷六："劫财杀主，其恶可原。"(T03, no. 152, p. 33, b10)

摩

王见太子至，摩头瞻颜色。(p. 5, b21)

或有执手足，或遍摩其身。(p. 6, c27)

太子抚马颈，摩身而告言。(p. 10, b8)

下马手摩头，汝今已度我。(p. 10, c21)

轮掌网鞔手，顺摩白马顶。(p. 12, a13)

有为洗摩足，有请问所须。(p. 29, b22)

莲花掌摩顶，如日照乌云。(p. 41, a13)

憍慢心若生，当自手摩顶。(p. 48, c10)

按：以上例中"摩"均为"抚摸"义。上古时期，"摩"指"摩擦"，《说文·手部》："摩，研也。"如《易·系辞上》："是故刚柔相摩，八卦相荡。"韩康伯注："相切摩也。"中古时期"摩"产生一个新义，即"抚摸"。《汉语大字典》首例引自《陈书·徐陵传》，其实至迟在东晋佛经文献中已见用例，如东晋佛驮跋陀罗译《大方广佛华严经》卷七:“一切十方诸如来,悉皆普现贤首前,各伸右手摩其顶,贤首菩萨德无量。以其右手摩顶已,一切如来赞叹言:‘善哉善哉真佛子,快说是法我随喜。’”(T09, no. 278, p. 441, b1-4)

末

栴檀细末香,众宝莲花藏。(p. 1, c1)

按:该句中“末”义为“粉末”“细末”。上古时期,“末”的本义为“树梢”,《说文·木部》:“末,木上曰末。”如《吕氏春秋·先己》:“是故百仞之松,本伤于下,而末槁于上;商、周之国,谋失于胸,令困于彼。”中古时期产生“细末”这一新义,中土文献如《世说新语·汰侈》:“豆至难煮,唯豫作熟末,客至,作白粥以投之。”佛经文献中常见,如姚秦鸠摩罗什译《妙法莲华经》中有:“又雨细末栴檀、沈水香等。”(T09, no. 262, p. 44, b1-2)根据辛岛静志《妙法莲华经词典》,与“细末”对应的梵文是 cūrṇa 一词,cūrṇa 为动词√carv 的过去被动分词形式,义为“微小”(minute),进而引申用作名词,指一种粉末状的物体(powder flour)。汉译佛经多译为“粉”“末”或者“细末”。

判

有言有后世,又复有言无,有无既不判,何为舍现乐?(p. 18, a19-20)

按:该句中“判”为“判断”义。上古时期,“判”用作动词表示“分开”“分离”,《说文·刀部》:“判,分也。”《左传·庄公三年》:“秋,纪季以酅入于齐,纪于是乎始判。”中古时期产生了“定”“评断”的意思,中土文献中有《宋书·谢晦传》:“其事已判,岂容复疑。”佛经文献中也很常见,如东晋佛陀跋陀罗共法显译《摩诃僧祇律》卷二十六:“此诤讼相言,时到自当判断。”(T22, no. 1425, p. 440, a8)

契

畴侣契缠绵，情交相感深。(p. 20，a22)

按：该句中“契”为“切合”“投合”义。上古时期，“契”指“券证”“文卷”，古代将证明出卖、租赁、借贷、抵押等关系的文书以及法律条文、案卷、总账、具结等均称为“契”，如《周礼·天官·酒正》：“凡有秩酒者，以书契授之。”中古时期产生一个新义，即“切合”“投合”。最早见于三国魏曹植《玄畅赋》：“上同契于稷、卨，降合颖于伊、望。”《抱朴子·微旨》：“余闻归同契合者，则不言而信著；途殊别务者，虽忠告而见疑。”

胜

偃寝安胜床，百千婇女侍。(p. 1，a22)

为何胜德色，修习于苦行。(p. 15，c13)

瞻仰尊胜颜，俯愧种种形。(p. 19，b1)

溢国胜名流，士女竞来观。(p. 24，b22)

今于大众前，显汝胜功德。(p. 32，b17)

不近不胜友，不学不断智。(p. 39，b13)

端坐胜堂阁，王心自庄严。(p. 42，c25)

按：以上例子中的“胜”均为形容词，义为“优越美好”。上古时期，“胜”指“打胜仗”“胜利”，如《孟子·公孙丑下》：“以天下之所顺，攻亲戚之所畔，故君子有不战，战必胜矣。”中古时期产生了一个新义，用来形容事物的优越美好。佛经文献中十分常见，如东汉安玄译《法镜经》卷一：“后世往殊胜之道。”(T12，no. 322，p. 15，c10)东汉支曜译《佛说成具光明定意经》卷一：“入无际，习胜意。”(T15，no. 630，p. 454，a10)后来中土文献中有《文心雕龙·隐秀》：“文集胜篇，不盈十一；篇章秀句，裁可百二。”

睡

夜睡忽觉悟，自见其眷属。(p. 30, c21)

按：该句中“睡”义为“睡觉”。上古时期，“睡”指“坐着打瞌睡”，《说文·目部》：“睡，坐寐也。”《战国策·秦策一》：“读书欲睡，引锥自刺其股，血流至足。”中古时期，“睡”引申表示一般意义上的“睡觉”。中土文献以用动词“卧”和“眠”为主，“睡”的用例不多，例如《魏书·鹿悆传》：“尝诣徐州，马疫，附船而至大梁。夜睡，从者上岸窃禾四束以饲其马。”佛经文献中十分常见，而且经常以“睡眠”“睡卧”同义连文的形式出现。东汉支娄迦谶译《道行般若经》卷六：“少睡卧行步出入，心安谛无乱，时徐举足蹈地，安隐顾视。”(T08, no. 224, p. 454, c7－8)三国康僧会译《六度集经》卷六：“鹿时与乌素结厚友，然其卧睡不知王来。”(T03, no. 152, p. 33, a26－27)

栽

如人爱甜果，必种其良栽。(p. 39, a15)

按：该句中“栽”为名词，义为“秧苗”“幼苗”。上古时期“栽”为动词，指“种植”“养殖”，如《礼记·中庸》：“故栽者培之。”郑玄注：“栽，犹殖也；培，益也。今时人名草木之殖曰栽。”中古时期引申产生“秧子”“幼苗”之义，中土文献中有《论衡·初禀》：“朱草之茎如针，紫芝之栽如豆，成为瑞矣。”佛经文献中也多见，更早的例子如东汉昙果共康孟详译《中本起经》卷二：“吾种此栽，于今始毕。”(T04, no. 196, p. 163, c2－3)

贼

五欲非常贼，劫人善珍宝。(p. 20, b23)

王贼水火分,恶子等共财。(p. 21, a15)

正念为重铠,能制六境贼。(p. 49, a22)

按:以上例子中的"贼"均表示"抢劫或者偷窃的人"。《佛所行赞》中与"贼"对应的梵文是 caura 一词,该词就是表示"盗贼"(thief, robber)。上古时期,"贼"有两种用法,一是用作动词,义为"伤害",例如《诗·大雅·抑》:"不僭不贼,鲜不为则。"二是用作名词,表示作乱叛国、危害人民的人,如《公羊传·隐公十一年》:"君弑,臣不讨贼,非臣也。"中古时期,"贼"产生了一个新义,即"抢劫或者偷窃财物的人"。《玉篇·戈部》:"贼,盗也。"最早见于东汉安世高译《七处三观经》卷一:"县官盗贼水火皆不能得害。"(T02, no. 150A, p. 878, b21-22)。以后中土文献中有《后汉书·百官志一》:"贼曹主盗贼事,决曹主罪法事。"

3.3 《佛所行赞》中的中古新词

"新词"是汉语词汇史研究中经常涉及的一个术语。张永言(1982/2015:87)指出:"词汇学上所说的'新词'(neologism)指的是为了适应文化发展和社会生活变化的需要而新造的那些词。新词起初可能只有较少的人使用,可是随着越来越多的人对这些词所表示的新事物逐渐熟悉,它们就会不断地扩大通行范围,以至进入全民词汇。""有一些词就它们的外部形式来看可以说是语言里固有的,但是它们已经获得了新的意义和内容,而新义和旧义之间又没有明显的联系,这样的词也应当算为新词。"颜洽茂(1997:70):"新词是从历时角度来说的。这包括两种情况:一是词形、意义先秦两汉都未出现的,毋庸赘说;二是借用先秦两汉的词形灌注别义而成的新词。"李宗江(1999)等学者也都给"新词"下过定义。综合学者们的看法,笔者认为"新词"包括两种类型:一是"新形新义",即形式和意义都是在某一个时代新出现的词;二是"旧形新义",指这些词的外部形式是语言中已有的,但是被赋予了新的意义内容，并且新义与旧义之间没有明显的历史联系。

新词是一个相对的概念，其判定并不存在绝对的标准。理论上，严格的新词判定必须穷尽性地考察该时代之前的所有典籍，但汉语文献浩如烟海，兼需同时考察词形和词义，因此严格意义上的新词判定从操作层面上来说是非常困难的。本书以先秦至中古的中土文献和中古佛经文献的检索结果为主，以《汉语大字典》《汉语大词典》（以下简称《大字典》《大词典》）为参考，尝试进行新词的判定。

《佛所行赞》的中古时期新词有 1702 个，[①]占全书词语总数的 39.4%，从数量上讲是十分丰富的。新词中，单音词只有 17 个，绝大部分是复音词。复音新词可分为单纯词和合成词两种。单纯词中，连绵词有 5 个，叠音词有 12 个，音译词有 639 个。合成词中，偏正式有 352 个，并列式有 523 个，动宾式有 122 个，主谓式有 15 个，附加式有 6 个，补充式有 11 个。《佛所行赞》的新词数量及其类型统计如表 3－4 所示。

表 3－4 《佛所行赞》新词数量及其类型统计

<table>
<tr><th colspan="3">分类</th><th>数量(个)</th><th>百分比</th></tr>
<tr><td colspan="3">单音词</td><td>17</td><td>1.0%</td></tr>
<tr><td rowspan="7">复音词</td><td colspan="2">单纯词</td><td>656</td><td>38.5%</td></tr>
<tr><td rowspan="6">合成词</td><td>并列</td><td>523</td><td>30.7%</td></tr>
<tr><td>偏正</td><td>352</td><td>20.7%</td></tr>
<tr><td>动宾</td><td>122</td><td>7.2%</td></tr>
<tr><td>主谓</td><td>15</td><td>0.9%</td></tr>
<tr><td>补充</td><td>11</td><td>0.6%</td></tr>
<tr><td>附加</td><td>6</td><td>0.4%</td></tr>
</table>

从新词的统计数据上看，由于单音词发展的空间有限，复音词成为

① 新词不包括专门术语。

新词的主要组成部分。从复音新词的构词形式上看,语法造词为产生新词的主要形式,各种构词方式均已完善。从历史词汇学的角度,新词的不断产生体现了汉语词汇系统的演进和发展。魏晋南北朝社会持续动乱,新的社会思潮和社会形态迅速形成,也是在这个时期,佛教东渐并在汉地传播盛行,种种因素使得新词大量涌现,这种情况在《佛所行赞》词汇系统中也得到了充分的体现。

新词作为词汇系统中最具有时代特点的内容,在汉语词汇研究中占有重要地位。由于同时受到汉语自身发展和梵文翻译的影响,《佛所行赞》的新词有些反映了中古时期词汇的共有特点,有些则反映了汉译佛经语言自身的特殊性质,有必要进行分类研究。出于这样的考虑,本节将《佛所行赞》中的新词分为三种类型:第一类是同时出现于佛经文献和中土文献的新词;第二类是出现于佛经文献但不见于中土文献的新词;第三类是出现于中土文献但不见于《佛所行赞》以外其他佛经文献的词,分别整理和探讨如下。

3.3.1 中土文献和佛经文献中共现的新词

《佛所行赞》的新词,大部分同时见于该时期的中土和佛经文献中,这些新词反映代表了中古汉语词汇发展的特点。

晡

朝中晡三时,次第修正业。(p. 48, b14)

按:"晡"义为"晚上"。"晡"在《说文》中未收,中古时期才产生。《广韵·模韵》:"晡,申时。""申时"即午后三点到五点,最早见于《汉书·武五子传》:"其日中,贺发,晡时至定陶,行百三十五里,侍从者马死相望于道。"之后又逐渐引申表示"晚上","朝中晡"分别指早晨、中午和晚上,"晡"与"朝""中"相对而言。《大字典》最早例子引唐杜甫《大历三年春白帝城放船出瞿唐峡久居夔府将适江陵漂泊有诗凡四十韵》:"绝岛容烟雾，环洲纳晓晡。”年代晚。佛经文献中就已出现，如萧齐僧伽跋陀罗译《善见律毘婆沙》卷十二：“复有朝中晡夜，亦名为时，为除病者。”(T24, no. 1462, p. 760, b13 - 14)姚秦弗若多罗译《十诵律》卷四：“晡时、日没、日没已。”(T23, no. 1435, p. 23, c27)

村

如人游旷泽，道险未至村。(p. 46, b21)

按：“村”即“村庄”“村子”。“村”在《说文》中未见，产生于中古时期。《广韵・魂韵》：“村，墅也。”《集韵・魂韵》：“村，聚也。”中土文献中有《抱朴子・道意》：“于是村里闻之，因共为起屋立庙。”陶潜《桃花源记》：“村中闻有此人，咸来问讯。”佛经文献中也多见，如姚秦凉州竺佛念译《出曜经》卷十八：“或时着衣持钵，入村乞食。”(T04, no. 212, p. 705, c27 - 28)

诞

菩萨亦如是，诞从右胁生。(p. 1, a28)

按：该句中“诞”为动词，义为“诞生”“出生”。上古时期，“诞”指“说大话”“言辞虚妄不实”，《说文・言部》：“诞，词诞也。”如《国语・楚语上》：“子皙复命，王曰：‘是知天恖，安知民则？是言诞也。’”引申表示“欺骗”，如《吕氏春秋・应言》：“秦王立帝，宜阳令许绾诞魏王。”高诱注：“诞，诈也。”除此之外，还可以表示“放诞”“放肆”，如《左传・昭公元年》：“伯州犁曰：‘子姑忧子皙之欲背诞也。’”杜预注：“襄三十年郑子皙杀伯有，背命放诞，将为国难。”“诞”表示“生育”“诞生”是在中古时期产生的，《广韵・旱韵》：“诞，育也。”最早见于佛经文献，如东晋佛驮跋陀罗译《大方广佛华严经》卷五十七：“菩萨住母胎时，诞生之时，行七步时。”(T09, no. 278, p. 765, a17 - 18)之后中土文献中也有，如《后汉书·襄楷传》:“昔文王一妻,诞致十子。”《陈书·徐陵传》:“母臧氏,尝梦五色云化而为凤,集左肩上,已而诞陵焉。”作“生育、诞生”讲的“诞”与先秦的“诞”虽然在字形和语音上都相同,但是意义上没有关系,当为中古时期产生的新词。

吼

欢喜师子吼,问慊恪如来。(p. 30, b16)

庠行牛王步,无畏师子吼。(p. 37, a10)

按:以上例子中“吼”均为动词,义为“兽类大声喊叫”。“吼”在《说文》中未收,但是“嗷”字条下云:“吼也。”“吼”产生于中古时期,《玉篇·口部》:“吼,牛鸣也。”最早见于东汉竺大力共康孟详译《修行本起经》卷一:“花中自然生师子王,堕地便行七步,举头而吼。”(T03, no. 184, p. 464, b1 - 2)佛经文献中十分常见,如三国康僧会译《六度集经》卷三:“相好希有,力干势援。兼人百倍,言音之响,有若师子之吼。”(T03, no. 152, p. 14, b22 - 24)中土文献中有《后汉书·循吏传·童恢》:“一虎低头闭目,状如震惧,即时杀之。其一视恢鸣吼,踊跃自奋,遂令放释。”“吼”与“呴”同源,它们古音相同,《说文·后部》:“呴,厚怒声。”段玉裁注:“诸书用响字,即此字也。《声类》曰:‘响,嗥也。’俗作吼。”

恋

闻父王忧悲,增恋切我心。(p. 17, b14)

生者哀堕落,死者恋生悲。(p. 27, b20)

按:以上例子中“恋”义为“爱慕”“留恋”。“恋”在《说文》中未收,中古时期产生。《玉篇·心部》:“恋,慕也。”最早见于佛经文献,如东汉安玄译《法镜经》卷一:“开士居家者,都物无可恋。”(T12, no. 322, p. 18, c10)东汉昙果共康孟详译《中本起经》卷一:“佛教比丘,莫亲白衣,恋于家居,道俗异故。"(T04, no. 196, p. 154, b20-21)后来中土文献中也出现了,如《后汉书·姜肱传》:"及各娶妻,兄弟相恋,不能别寝。"晋陶潜《归田园居五首》之一:"羁鸟恋旧林,池鱼思故渊。"

镊

金刚智慧镊,拔恩爱逆钻。(p. 3, b13)

按:"镊"表示一种拔除毛发或者夹取细小东西的器具。"镊"在《说文》中未收,中古时期产生。如晋左思《白发赋》:"愿戢子之手,摄子之镊。"佛经文献中也十分常见,如北凉昙无谶译《大方等大集经》卷十七:"以净功德资粮为毂,以坚固淳至毕竟为輨辖钉镊,以善成就诸禅解脱三昧为辕。"(T13, no. 397, p. 115, a2-4)姚秦佛陀耶舍共竺佛念译《四分律》卷五十一:"时比丘患鼻中毛长,佛言:'听拔,若自拔,若令人拔。'彼须镊。"(T22, no. 1428, p. 945, b15-17)《说文·竹部》有"籋"字:"籋,箝也。"段玉裁注:"夹取之器曰籋,今人以铜铁作之,谓之镊子。"徐锴《系传》中认为"镊"为"籋"的俗体字。

软

其地广平正,柔泽软草生。(p. 24, c25)
软身触外物,犹如刀剑截。(p. 27, b11)

按:以上例子中"软"为"柔软"义。"软"在《说文》中未见,中古时期产生。中土文献中最早见于《论衡·气寿》:"人之禀气,或充实而坚强,或虚劣而软弱。充实坚强,其年寿;虚劣软弱,失弃其身。"佛经文献中也多见,较早用例见于东汉支娄迦谶译《道行般若经》卷二:"善男子、善女人,梦如是,见已安隐觉,身体净洁且轻,不欲复思食,身自软美饱。"(T08, no. 224, p. 435, b20-21)东汉竺大力共康孟详译《修行本起经》卷二:"于是复前行,望见丛林山。其地平正,四望清净,生草柔软,甘泉盈流，花香茂洁。”(T03，no. 184，p. 470，a24－25)三国康僧会译《六度集经》卷四：“又睹诸宝树，众软妙衣，臂钏指环，璎珞众奇，皆悬着树。”(T03，no. 152，p. 22，a17－18)

寻

寻善友出家，随次入正法。(p. 31，a22)
寻江而求兄，见兄已出家。(p. 31，c21)
常寻从左右，瞻察其进止。(p. 36，c15)

按：以上例子中的“寻”均为动词，义为“寻找”“寻觅”。上古时期，“寻”是长度单位，八尺为寻。《说文·寸部》：“度人之两臂为寻，八尺也。”如《诗·鲁颂·閟宫》：“是断是度，是寻是尺。”中古时期，“寻”指“寻找”“寻觅”，最早见于佛经文献，如三国康僧会译《六度集经》卷二：“自沈池中，荷蒻覆上，水虫编身。瘖行寻求，又得儿矣。”(T03，no. 152，p. 10，b23－24)又卷五：“有独母取焉，使人寻之，得其所在。”(T03，no. 152，p. 25，c16－17)之后中土文献中有《后汉书·南蛮西南夷列传》：“帝悲思之，遣使寻求，辄遇风雨震晦，使者不得进。”当“寻找”讲的“寻”与上古的“寻”在字形和语音上都相同，但是意义上没有关系，当为中古时期产生的新词。

赞

赞诸牟尼尊，始终之所行。(p. 54，c5)

按：该句中的“赞”为动词，义为“赞美”“颂扬”。上古时期，“赞”表示“辅助”“辅佐”，如《左传·僖公二十二年》：“勍敌之人，隘而不列，天赞我也。”《国语·齐语》：“升以为上卿之赞。”韦昭注：“赞，佐也。”中古时期，“赞”表示“赞美”，最早见于佛经文献中，如东汉支娄迦谶译《道行般若经》卷八：“十方诸佛赞是菩萨。”(T08，no. 224，p. 467，c10－11)东汉安玄译《法镜经》卷一："不忘忽道之意，诸佛所赞，众圣所称誉。"（T12，no. 322，p. 21，a20－21）之后中土文献中有《世说新语·赏誉》："常集聚，王公每发言，众人竞赞之。"表示"赞美"的"赞"与上古文献中的"赞"虽然语音、字形都相同，但是意义上没有联系，当为中古时期产生的新词。

皱

或颦蹙皱眉，或合眼开口，种种身散乱，狼藉犹横尸。（p. 10，a12－14）

按："皱眉"之"皱"，义为"蹙""收缩"。"皱"在今本《说文》中未见，唐慧琳《一切经音义》作"考声云：'皱，皮聚也。'或曰频眉也。《说文》阙也。""皱"产生于中古时期，最早见于佛经文献，如东汉竺大力共康孟详译《修行本起经》卷二："难提和罗化作老人，踞于道傍，头白齿落，皮缓面皱。"（T03，no. 184，p. 466，b20－21）后来中土文献中有《齐民要术·种枣》："半赤而收者，肉未充满，干则色黄而皮皱。""皱"与"绉"二字音同，义为绉（皱）纹、皱褶，为同源词。《说文》："绉，絺之细也。《诗》曰：'蒙彼绉絺。'"毛传："絺之靡者为绉。"段玉裁"绉"字注："按靡谓纹细皃，如水纹之靡靡也。"《史记·司马相如列传》："襞积褰绉。"司马贞《索隐》引苏林曰："褰绉，缩蹙之。""绉"主要是指纺织物皱褶，而"皱"主要是指皮肤或者物体表面的皱褶。

住

城名苦行林，五比丘先住。（p. 24，b3）

闻佛兴于世，近住于竹园。（p. 34，b11）

前至鞞舍离，住于庵罗林。（p. 41，c5）

闻世尊入国，住庵摩罗园。（p. 42，b23）

时彼大迦叶，先住王舍城。（p. 52，a22）

按:以上例子中"住"均为动词,义为"居住"。《说文》中未收"住"字,一般认为,先秦文献中没有"住"字①。"住"产生于中古时期,最初表示"停留""停止",如贾谊《新书·宗首》:"数年之后,诸侯王大抵皆冠,血气方刚,汉之所置傅归休而不肯住,汉所置相称病而赐罢。"《灵枢经·邪客》:"此八虚者,皆机关之室,真气之所过,血络之所游,邪气恶血固不得住留;住留则伤筋络。"东汉三国起,"住"开始表示"居住",最早见于佛经文献,如三国支谦译《菩萨本缘经》卷一:"今得此处,清净安乐,快不可言。此林乃是修悲菩萨之所住处,亦是破坏四魔之人坚固牢城。"(T03, no. 153, p. 55, c5-7)中土文献中也有,如《世说新语·赏誉》:"士龙住东头,士衡住西头。"

以上为单音节新词,下面是双音节新词的例子。

爱恋

为我启请王,愿舍爱恋情。(p. 11, a15)

按:"爱恋"是一个并列复合词,义为"喜爱眷恋"。该词最早见于东汉昙果共康孟详译《中本起经》卷一:"愚者爱恋,贪而无厌。"(T04, no. 196, p. 148, b9-10)佛经文献中常见,如北凉昙无谶译《大方等大集经》卷十四:"喻如虚空,无所爱恋。"(T13, no. 397, p. 98, b6)中土文献中最早见于三国魏曹植《鼙舞歌》:"沈吟有爱恋,不忍听可之。"《宋书·张兴世列传》:"兴世欲将往襄阳,爱恋乡里,不肯去。"

拜辞

庄严悉备已,启请求拜辞。(p. 5, b20)

按:"拜辞"义为"行礼告别"。该词在中古中土文献中常见,如《宋书·

① 参看汪维辉《东汉—隋常用词演变研究》,南京大学出版社,2000年,第288页。

王敬弘传》:"恢之于阁外拜辞,流涕而去。"《魏书·孝静纪》:"及出云龙门,王公百僚衣冠拜辞。"佛经文献中也多见,如三国康僧会译《六度集经》卷八:"对曰:'妃迈天下泰平之基,民终宁其亲矣。'拜辞寻之。"(T03, no. 152, p. 46, c9-10)《大词典》引《南史·王弘传》,年代晚。

宝惜

太子甚宝惜,元无出卖心。(p. 36, b15)

按:"宝惜"即"爱惜""珍惜",此处"宝"义为"珍重""珍惜",如《书·旅獒》:"不宝远物,则远人格。所宝惟贤,则迩人安。"与"惜"构成同义连文的并列复合词,中古中土文献中多见,如《三国志·吴书·赵达传》:"达宝惜其术,自阚泽、殷礼皆名儒善士,亲屈节就学,达秘而不告。"《宋书·王微传》:"他日宝惜三光,割嗜好以祈年,今也唯速化耳。"佛经文献中也有,如元魏吉迦夜共昙曜译《杂宝藏经》卷四:"我曾粪中,拾得两钱,恒常宝惜,以俟乞索不如意时,当贸饮食用自存活。"(T04, no. 203, p. 467, c5-7)

悲恻

其心生悲恻,痛踰刺贯心。(p. 8, c4)

按:"悲恻"义为"悲痛"。"恻"与"悲"同义,表示"忧伤""悲痛",《说文·心部》:"恻,痛也。""悲恻"为同义连文的并列复合词。该词最早见于《魏书·岛夷刘裕传》:"骏自殷死,常怀悲恻,神情罔罔,废弃政事。"中土文献中多见,佛经文献中也有用例,如北凉昙无谶译《菩萨地持经》卷一:"常怀悲恻,不兴怒害。"(T30, no. 1581, p. 888, c24-25)

遍布

长者心欢喜,即遍布黄金。(p. 36, b17)

按:“遍布”义为“分布到所有的地方”“散布到各个地方”。该词在中土文献中常见,如《宋书·文五王传·桂阳王休范》:“交间苍蝇,驱扇祸戮,爵以货重,才由贫轻,先帝旧人,无罪黜落,荐致乡亲,遍布朝省。”《齐民要术·种瓜》:“以瓜子、大豆各十枚,遍布坑中。”佛经文献中用例也很多,如西晋竺法护译《生经》卷五:“三十二相庄严其身,八十种好遍布其体。”(T03, no. 154, p. 100, c14-15)姚秦鸠摩罗什译《妙法莲华经》卷四:“悬诸幡盖,烧大宝香,诸天宝华遍布其地。”(T09, no. 262, p. 33, b1-2)《大词典》首例引《敦煌变文集·降魔变文》,年代晚。

称庆

异口同声叹,称庆世希有。(p. 5, c3)

按:“称庆”义为“道贺”。中土文献中最早见于《世说新语·术解》:“数日中,果震柏粉碎,子弟皆称庆。”该词在中土文献中很常见,如《魏书·孙绍传》:“若得言参执事,献可替否,寇逆获除,社稷称庆,虽死如生,犬马情毕。”佛经文献中也很多,如东晋佛驮跋陀罗译《大方广佛华严经》卷十一:“菩萨不以求索烦重而生忧恼,但发无上大慈悲心施无餍足,欲令常来,来已称庆,倍复欢喜,作如是念。”(T09, no. 278, p. 466, c16-19)《大词典》引《北史·循吏传·魏德深》:“歌呼满道,互相称庆。”年代晚。

出卖

太子甚宝惜,元无出卖心。(p. 36, b15)

按:“出卖”义为“卖”。该词产生于中古时期,佛经文献中有元魏吉迦夜共昙曜译《杂宝藏经》卷一:“贼来破家,劫掠钱财,并驱老母,异处出卖。”(T04, no. 203, p. 450, c12-13)但是用例不多,中土文献中有《齐民要术·种薤》:“叶不用翦。九月、十月出卖。”《大词典》首见书证引宋苏轼《论积欠六事并乞检会应诏所论四事一处行下状》:“于元丰二年五月以后，节次准市易上界牒准太府寺牒支降到疋帛散茶，令搭息出卖。”年代晚。

催切

迭共相催切，须臾令摧灭。（p. 26，a16）

按：“摧切”义为“催迫”。该词最早见于《三国志·吴书·陆逊传》：“抗闻之，日部分诸军，令将军左奕、吾彦、蔡贡等径赴西陵，敕军营更筑严围，自赤溪至故市，内以围阐，外以御寇，昼夜催切，如敌以至，众甚苦之。”《魏书·高允传》中也有：“允持疑不为，频诏催切。”佛经文献中也多见，如元魏慧觉等译《贤愚经》卷十：“诸债主辈，竞见剥脱，日夜催切，忧心不释。”（T04，no. 202，p. 422，a17－18）《大词典》引《资治通鉴·晋武帝泰始八年》：“内以围阐，外以御晋兵，昼夜催切，如敌已至，众甚苦之。”年代晚。

答谢

太子敬答谢，深感于来言。（p. 20，b4）

按：“答谢”义为“表示谢意”。该词产生于中古时期，最早见于《三国志·魏书·倭人传》：“倭王因使上表答谢恩诏。”《宋书·氐胡传》中也有：“臣闻生成之德，含气同系，而荣悴殊涂，遭遇异兆，至于恩降自然，诚无答谢。”佛经文献中也有用例，如北凉昙无谶译《菩萨戒本》卷一：“受他恩惠，以嫌恨心不以答谢。”（T24，no. 1500，p. 1109，b23）《大词典》引唐韩愈《袁州刺史谢上表》：“又蒙赦其罪累，授以方州，德重恩弘，身微命贱，无阶答谢，惟积惭惶。”年代晚。

堤塘

楼阁堤塘树，窗牖衢巷间。（p. 5，c10）

按:“堤塘”即“堤岸”。该词最早见于东汉的佛经文献,如昙果共康孟详译《中本起经》卷二:“譬如防水,善治堤塘,勿漏而已。”(T04, no. 196, p. 158, c18)北凉浮陀跋摩共道泰等译《阿毘昙毘婆沙论》卷十五:“复次若断诸著决烦恼堤塘。”(T28, no. 1546, p. 111, a1-2)中土文献中有《南齐书·高帝本纪》:“五年七月戊子,帝微行出北湖,常单马先走,羽仪禁卫随后追之,于堤塘相蹈藉。”《大词典》引《旧唐书·高瑀传》:“瑀召集州民,绕郭立堤塘一百八十里,蓄泄既均,人无饥年。”年代晚。

感切

王正以忧悲,感切师大臣。(p. 16, b16)

按:“感切”义为“伤感凄切”。该词产生于中古时期,中土文献中最早见于《宋书·孝武十四王传》:“妾天属冥至,感切实深,伏愿乾渥广临,曲垂照赐,复改命还依本属,则妾母子虽陨之辰,犹生之年。”佛经文献中也多见,如元魏慧觉译《贤愚经》卷六:“诸飞鸟辈,于虚空中,悲鸣感切。”(T04, no. 202, p. 389, a12-13)《大词典》首例引宋欧阳修《〈江邻几文集〉序》:“又类集其文而序之,其言尤感切而殷勤者,以此也。”年代晚。

晃然

晃然后胎现,犹如日初升。(p. 1, b4)

按:“晃然”即“明亮貌”。该词产生于中古时期,中土文献中最早见于《冥祥记》:“忽于坛所,见天地晃然,悉黄金色,仰望西南,见一天人,着縹衣,衣色赤黄,去木或近或远,寻没不见。”佛经文献中十分常见,如晋法炬共法立译《法句譬喻经》卷二:“至精舍门瞻睹世尊,光相晃然,容颜奇异,如星中月。”(T04, no. 211, p. 590, a14-15)姚秦竺佛念译《最胜问菩萨十住除垢断结经》卷八:“菩萨得此总持者,十方刹土晃然金色。”

(T10, no. 309, p. 1025, b11)《大词典》首例引明田汝成《西湖游览志馀·熙朝乐事》:"玉树琪花,晃然夺目。"年代晚。

辉耀

太子处幽夜,光明甚辉耀。(p. 9, c19)

按:"辉耀"义为"照耀""闪耀"。该词产生于中古时期,中土文献中最早见于《三国志·吴书·孙坚传》裴松之注:"金玉之精,率有光气,加以神器祕宝,辉耀益彰,盖一代之奇观。"佛经文献中也很常见,如西晋竺法护译《佛说如来兴显经》卷二:"日之光明,照阎浮提,众生之类,蒙恩无限,而仰得活,辉耀无量。"(T10, no. 291, p. 598, c12-13)《大词典》首例引明李唐宾《梧桐叶》第三折:"雀屏银烛相辉耀。"年代晚。

机悟

选择黠慧人,审谛机悟士。(p. 19, a7)

汝是机悟士,聪中之第一。(p. 22, c13)

按:"机悟"义为"机敏颖悟"。该词最早见于南朝宋刘义庆《世说新语·捷悟》:"王导须臾至,徒跣下地,谢曰:'天威在颜,遂使温峤不容得谢。'峤于是下谢,帝乃释然。诸公共叹王机悟名言。"中土文献中还有《魏书·显祖纪》:"太安二年二月,立为皇太子。聪睿机悟,幼而有济民神武之规,仁孝纯至,礼敬师友。"佛经文献中有梁慧皎撰《高僧传》:"法乘、安丰少有机悟之鉴,虽道俗殊操,阡陌可以相准。"(T50, no. 2059, p. 347, c8-9)又:"释慧基,姓吕,吴国钱塘人,幼而神情俊逸,机悟过人。"(T50, no. 2059, p. 379, a3-4)

鞠养

慈母鞠养恩,尽寿报罔极。(p. 17, a26)

按:"鞠养"义为"抚养""养育"。与其对应的梵文词是 saṃvardhayitrī,该词义为"抚养"(bring up)。"鞠养"最早见于佛经文献,如东晋瞿昙僧伽提婆译《中阿含经》:"世尊母亡后,瞿昙弥大爱鞠养世尊。"(T01, no. 26, p. 605, c13-14)又:"谓母亡后,鞠养于我。"(T01, no. 26, p. 605, c15)中土文献中也有用例,如《后汉书·刘般传》:"早失母,同产弟原乡侯平尚幼,纡亲自鞠养,常与共卧起饮食。"《南齐书·武十七王传》:"臣属忝皇枝,偏留友睦,以臣继别未安,子响言承出命,提携鞠养,俯见成人。"

开发

言众生悉眠,佛开发令觉。(p. 51, c26)

按:"开发"义为"启发""开导"。该词最早见于《三国志·魏书·管辂传》裴松之注:"辂就义博读《易》,数十日中,意便开发。"佛经文献中也很常见,如东晋佛驮跋陀罗译《大方广佛华严经》卷二:"开发众生智慧海,善胜光明如是见。"(T09, no. 278, p. 401, b27)《大词典》首例引《北史·崔赡传》:"东宫弱年,未陶训义,卿仪形风德,人之师表,故劳卿朝夕游处,开发幼蒙。"年代晚。

眠食

如牛失其犊,悲呼忘眠食。(p. 17, a27)

按:"眠食"即"睡眠和饮食",泛指生活起居。中土文献中,该词最早见于《世说新语·伤逝》刘孝标注:"我亡后,若大损眠食,则呈此箱。"佛经文献中也十分常见,如姚秦鸠摩罗什译《大智度论》卷六十六:"譬如母人怀妊,身体苦重,行步不便,坐起不安,眠食转少,不喜言语。"(T25, no. 1509, p. 525, c1-2)北凉昙无谶译《优婆塞戒经》卷七:"省于言语,亦损眠食。"(T24, no. 1488, p. 1074, b2)《大词典》首例引《南史·陆澄传》:"行坐眠食,手不释卷。"年代晚。

明彻

善摄于诸情，诸根悉明彻。(p. 50，c23)

按："明彻"义为"清楚""明晰"。该词最早见于《太平经·安乐王者法》："阴顺于阳，臣顺于君，又得照察明彻，分别是非，故得称君，其余不能也。"《齐民要术·饧餔》："小饼如棋石，内外明彻，色如琥珀。"佛经文献中也多见，如东晋佛驮跋陀罗译《大方广佛华严经》卷二十二："清净明彻，无所障碍。"(T09，no. 278，p. 537，c22)元魏菩提留支译《入楞伽经》卷一："内外明彻，日月光晖不能复现。"(T16，no. 671，p. 514，c13－14)《大词典》引唐玄奘《大唐西域记·婆罗痆斯国》："浣衣池侧大方石上，有如来袈裟之迹，其文明彻，焕如雕镂。"年代晚。

清旷

林流极清旷，禽兽亲附人。(p. 10，c16)

山林极清旷，处处无不安。(p. 31，b13)

按："清旷"即"清朗开阔"。该词在中古中土文献中十分常见，如《后汉书·仲长统传》："欲卜居清旷，以乐其志。"《魏书·景穆十二王传·任城王》："陛下必欲割捐尘务，颐神清旷者，冢副之寄，宜绍宝历。"中古佛经文献中，除了《佛所行赞》外，仅在梁慧皎撰《高僧传》中有1例："后憩始丰赤城山，见一处林泉清旷而居之。"(T50，no. 2059，p. 396，c11－12)

师匠

修学诸术艺，一闻超师匠。(p. 4，b21)

按："师匠"义为"老师""宗师"。该词最早见于佛经文献，如姚秦竺佛念译《出曜经》卷二十三："豁然自寤不须师匠，谦恭卑下者自然得寤。"

(T04, no. 212, p. 735, a20 - 21)中土文献中有北齐颜之推《颜氏家训·文章》:"邢子才、魏收,俱有重名,时俗准的,以为师匠。"《魏书·释老志》:"慨无师匠,独坐静室十二年,覃思构精,神悟妙赜,以前所出经,多有舛驳,乃正其乖谬。"

率心

且今以所见,率心而相告(p. 20, b18)

按:"率心"义为"尽心"。中土文献中,该词最早见于《魏书·张衮传》:"衮遇创业之始,以有才谟见任,率心奉上,不顾嫌疑。"中古佛经文献中,南朝梁宝唱撰《比丘尼传》中有:"后从师游学广陵,建熙精舍,率心奉法,阖众嘉之。"(T50, no. 2063, p. 938, c2 - 3)

思议

此则为花报,其果难思议。(p. 36, a13)

按:"思议"为同义连文,义为"理解""想象"。该词最早见于东汉佛经文献,如东汉支娄迦谶译《道行般若经》卷四:"谛自思议,能随我忍是勤苦不?"(T08, no. 224, p. 448, b9 - 10)东汉昙果共康孟详译《中本起经》卷二:"如来妙德,不可思议。"(T04, no. 196, p. 163, a20 - 21)中土文献中有《宋书·自序》:"林子思议弘深,有所陈画,高祖未尝不称善。"《大词典》首例引《金石萃编·北齐临淮王像碑》:"变化之奇,实难思议。"年代晚。

叹慕

厌离于生死,叹慕人师子。(p. 45, c22)

按:“叹慕”即“赞叹羡慕”,为同义连文的并列复合词。该词最早见于《三国志·魏书·管辂传》裴松之注:“辂为华清河所召,为北黉文学,一时士友无不叹慕。”佛经文献中也有用例,如元魏慧觉等译《贤愚经》卷十二:“各共看此,汝等钦羡叹慕斯迹。”(T04, no. 202, p. 433, b3-4)晋法炬共法立译《法句譬喻经》卷三:“敏行精修,人所叹慕。”(T04, no. 211, p. 596, c10-11)《大词典》首例引明宋濂《歙县孔子庙碑》:“神来顾歆,如在左右。观者叹慕,至于咏蹈。”年代晚。

剃头

剃头被法服,遂入苦行林。(p. 14, b23)

按:“剃头”即“剃发”。该词最早见于东汉佛经文献,如昙果共康孟详译《中本起经》卷一:“剃头被纳服,如何不羞耻。”(T04, no. 196, p. 155, b4)佛经文献中十分常见。中土文献中也有用例,如《南齐书·刘祥传》:“九年,又坐与亡弟母杨别居,不相料理,杨死不殡葬,崇圣寺尼慧首剃头为尼,以五百钱为买棺材,以泥洹舆送葬刘墓。”《大词典》引清潘荣陛《帝京岁时纪胜·宜忌》:“五月多不剃头,恐妨舅氏。”年代晚。

习近

妖摇而徐步,诈亲渐习近。(p. 7, b2)
若言假方便,随顺习近者。(p. 8, a18)
难乐难习近,当修第四业。(p. 37, b10)

按:“习近”犹“接近”。该词最早见于《三国志·魏书·邢颙传》:“私惧观者将谓君侯习近不肖,礼贤不足。”佛经文献中十分常见,如东晋佛陀跋陀罗译《达摩多罗禅经》卷一:“习近诸过恶,远离善功德。”(T15, no. 618, p. 305, b8)东晋法显译《佛说大般泥洹经》卷四:“若有比丘犯此一一微细律仪,知而藏覆如龟藏六,当知是辈不可习近。”(T12, no. 376, p. 881, c25－26)《大词典》引清蒲松龄《聊斋志异·张老相公》:“吾侪日与习近,惧为祸殃,惟神明奉之,祈勿怒。”年代晚。

烟焰

四面放火然,烟焰盛冲天。(p. 26, a3)

按:“烟焰”即“烟和火焰”。中土文献中,该词最早见于《宋书·南郡王义宣传》:“护之等因风纵火,焚其舟乘,风势猛盛,烟焰覆江。”佛经文献中也十分常见,如姚秦鸠摩罗什译《大庄严论经》卷六:“有一师共一弟子,于其冬日在暖室中,见有火聚,无有烟焰。”(T04, no. 201, p. 290, c21－22)东晋佛陀跋陀罗译《佛说观佛三昧海经》卷四:“其风四色随心根起,如旋岚风,状如烟焰。”(T15, no. 643, p. 664, c21－22)《大词典》引唐张谓《长沙失火后戏题莲花寺》诗:“楼殿纵随烟焰去,火中何处出莲花?”年代晚。

造立

欲造立精舍,唯愿哀愍受。(p. 35, c26)

按:“造立”义为“建筑”“建造”。中土文献中,该词最早见于《世说新语·栖逸》:“郗超每闻欲高尚隐退者,辄为办百万资,并为造立居宇。”佛经文献中也十分常见,如姚秦竺佛念译《出曜经》卷十八:“意欲造立宫室成就,是故说巧匠调木。”(T04, no. 212, p. 708, a4－5)东晋佛驮跋陀罗译《大方广佛华严经》卷五十八:“善财为海师,造立大法船。”(T09, no. 278, p. 774, b26)《大词典》引《南史·宋竟陵王诞传》:“而诞造立第舍,穷极工巧,园池之美,冠于一时。”年代晚。

瞻敬

任重手执作,瞻敬不释事。(p. 12, c5)

按："瞻敬"即"瞻仰致敬"。中土文献中，该词最早见于《世说新语·方正》刘孝标注："世林少得好名，州里瞻敬，及其年老，汲汲自厉，时人咸共笑之。"佛经文献中也有，如东晋佛驮跋陀罗译《大方广佛华严经》卷七："见彼临终劝念佛，又示尊像令瞻敬。"（T09，no. 278，p. 437，b3）《大词典》引《隋书·高祖纪下》："仰惟祭享宗庙，瞻敬如在，罔极之感，情深兹日。"年代晚。

3.3.2 仅见于佛经文献的新词

《佛所行赞》中有一部分新词，仅出现于佛经文献，而几乎不见于同时期的中土文献，反映了汉译佛经文献的词汇特征。这部分新词主要有两种情况：一种是在佛经翻译过程中创造的新词，另一种则是使用了当时中土文献中不用的口语词。随着社会和语言的发展，其中的一些词语仍仅存在于佛经词汇系统中，还有一些则在唐宋时期逐步扩散到中土文献，融入汉语的词汇系统，尤其值得关注。音译新词由于与源头语关系密切，本书将安排在第四章中专题讨论。

爱念

爱念自在伴，随欲恣心作。（p. 15，a26）
今者憎恶汝，倍于爱念时。（p. 16，a7）
爱念与不念，自性定亦然。（p. 18，a29）
同生相爱念，为欲相残杀。（p. 21，b6）
缠绵爱念子，宜应速除灭。（p. 37，a22）

按："爱念"即"喜爱"，"爱"与"念"意思相同，构成同义连文的并列复合词。与"念"对应的梵文是 priya 一词，priya 就是表示"喜爱""爱"（beloved）。"爱念"一词最早见于东汉安世高译《道地经》卷一："若忼忾声满口不止，出悲语见爱念。"（T15，no. 607，p. 233，a26－27）佛经文献中十分常见，如东汉竺大力共康孟详译《修行本起经》卷一："生一太子，字为灯光,聪明智远,世之少双,圣王爱念。”(T03, no. 184, p. 461, b18 - 20)中古时期的中土文献未见,唐代起中土文献中用例开始增多,如《北史·外戚传·冯熙》:“聿同产弟风,幼养于宫,文明太后特加爱念。”《隋书·高祖纪下》:“人生子孙,谁不爱念,既为天下,事须割情。”

伴等

至俱舍弥国,化度瞿师罗,及二优婆夷,波阇郁多罗,伴等优婆夷,众多次第度。(p. 40, c13 - 15)

按:“伴等”即“伙伴”“朋友”。该词最早出现于佛经文献中,如姚秦鸠摩罗什译《众经撰杂譬喻》卷一:“与诸伴等游行乞食,常独不饱而还。”(T04, no. 208, p. 535, c25 - 26)姚秦佛陀耶舍共竺佛念等译《四分律》卷三十八:“尔时守笼那伴等,诣守笼那父母所。”(T22, no. 1428, p. 844,a20 - 21)中古时期的中土文献中未见用例。此后在元张可久《朱履曲·归兴》中有:“莺花新伴等,鹅鸭旧比邻,怕称呼陶令尹 。”

悲恋

父王失太子,昼夜心悲恋。(p. 15, c26)
非时入林薮,悲恋娆我心。(p. 16, c24)
爱子罗睺罗,泣涕常悲恋。(p. 38, b5)
恩爱理不常,当舍悲恋心。(p. 44, b5)
制心忍悲恋,如萎迦尼花。(p. 45, a21)
今皆生悲恋,叹佛灭何速。(p. 49, c6)
缠绵悲恋说,叹德陈世苦。(p. 51, c16)

按:“悲恋”即“慈悲顾恋”或者“悲哀依恋”。与其对应的梵文是śoka 一词,即“悲伤”“悲痛”(sorrow)的意思。“悲恋”一词最早见于东汉竺大力共康孟详译《修行本起经》卷二:“呻吟呼吸,手足摸空,唤呼父母,悲恋妻子。"(T03, no. 184, p. 466, c17-18)佛经文献中十分常见,如西晋竺法护译《鹿母经》卷一:"母子悲恋相寻而至,慈感愍伤。"(T03, no. 182a, p. 454, c20-21)但是中古中土文献不见。唐代之后,中土文献开始多见,如《隋书·薛道衡传》:"道衡久蒙驱策,一旦违离,不胜悲恋,言之哽咽。"《南史·乐颐之传》:"乐颐之,字文德,南阳涅阳人也,世居南郡,少而言行和谨。仕为京府参军,父在郢病亡。颐之忽悲恋涕泣,因请假还。"

弊恶

> 汝是弊恶虫,造诸不正业。(p. 15, b14)

按:"弊恶"即"恶劣"。该词最早见于东汉安世高译《阴持入经》卷一:"舍散恶意,是为一断意,已生弊恶意发,清净法欲断。"(T15, no. 603, p. 174, a12-13)佛经文献中用例很多,如三国吴支谦译《菩萨本缘经》卷二:"当知必定非婆罗门,乃是罗刹弊恶鬼神。"(T03, no. 153, p. 63, c20-21)东晋佛驮跋陀罗译《大方广佛华严经》卷四:"或刹极浊恶,常闻弊恶音。"(T09, no. 278, p. 416, b15)同时期的中土文献中未见。

躃地/躄地

> 举首仰呼天,迷闷而躃地。(p. 12, b18)
> 念子心悲痛,闷绝而躄地。(p. 15, a15)
> 躃地称怨叹,双输鸟分乖。(p. 15, c2)
> 或密感无声,或投身躃地。(p. 52, a8)

按:"躃地"或作"躄地",义为"摔倒在地"。与"躃"对应的梵文是 papāta,为动词√pat 的过去完成时形式,表示"仆倒""摔倒"(fall down)。"躃"在《说文》中未收,《广韵·昔韵》中有:"躃,躃倒。""躃地"在佛经文献中十分常见,如三国康僧会译《六度集经》卷二:"旧臣顿首躃地，哀恸痛莫能对。”（T03，no. 152，p. 6，b29）同时期的中土文献未见。

变坏

众生老病死，变坏无暂停。（p. 9，a3）

按：“变坏”义为“物体发生变化而败坏”。该词最早出现于东汉佛经中，如东汉竺大力共康孟详译《修行本起经》卷二：“如令年少形不变坏者。”（T03，no. 184，p. 468，c12）中古佛经文献中用例很多，如元魏瞿昙般若流支译《正法念处经》卷六十二：“一切诸行，皆悉无常。苦空无我，念念变坏。”（T17，no. 721，p. 366，a5－6）但是不见于同时期的中土文献。唐宋之后，中土文献中用例开始增多，如宋苏轼《次韵吴传正枯木歌》：“生成变坏一弹指，乃知造物初无物。”陆游《秋夕大风松声甚壮戏作短歌》诗：“荣华难把玩，俄顷皆变坏。”

变失

不净人所弃，欲食而变失。（p. 27，b6）

按：“变失”即“消失”。该词在佛经文献中多见，如西晋竺法护译《大宝积经》卷十四：“十曰，若有无护、无所归依，常将济之，所语如言而不变失。”（T11，no. 310，p. 76，a20－21）姚秦鸠摩罗什译《大智度论》卷十七：“愚痴之人，不解声相无常变失故。”（T25，no. 1509，p. 181，b25－26）但是同时期的中土文献中未见。

财钱

村城婇女众，牛马象财钱。（p. 3，c12）

按：“财钱”即“钱财”，该处“财钱”在宋、元、明本异文为“钱财”。该词在佛经文献中多见，如姚秦鸠摩罗什译《大庄严论经》卷五："设复有财钱，见乞方背去，虽复饶财宝，名为贫衰患。（T04，no. 201，p. 282，b22－23）萧齐求那毘地译《百喻经・三重楼喻》："我有财钱，不减于彼。"但是中土文献中未见。

缠缚

彼提婆达兜，为恶自缠缚。（p. 41，b2）

按："缠缚"即"缠绕束缚"。该词最早见于东汉支曜译《佛说成具光明定意经》卷一："世人转相猗，邪见著名法，贪有利常想，缠缚无数世。"（T15，no. 630，p. 454，c17－18）中古佛经文献中多见，如东晋佛驮跋陀罗译《大方广佛华严经》卷十一："见诸众生受大苦恼，趣危险径，为诸烦恼之所缠缚。"（T09，no. 278，p. 469，a24－25）但在同时期的中土文献未见。唐宋时期，中土文献中的用例才开始增多，如唐皮日休《初夏游楞伽精舍》诗："时禽倏已嘿，众籁萧然作，遂令不羁性，恋此如缠缚。"宋苏辙《次韵子瞻病中赠提刑段绎》："宦游少娱乐，缠缚苦文案。"

晨朝

迦叶及眷属，晨朝悉来看。（p. 31，c3）

按："晨朝"即"清晨"。该词最早见于东汉昙果共康孟详译《中本起经》卷一："迦叶见光，疑佛事火，晨朝问佛。"（T04，no. 196，p. 151，a17－18）佛经文献中多见，如东汉支曜译《佛说成具光明定意经》卷一："一时佛在迦维罗卫国精舍中止，晨朝整服呼语阿难。"（T15，no. 630，p. 451，b6－7）东晋佛驮跋陀罗译《大方广佛华严经》卷六："心净无秽，晨朝觉悟，当愿众生一切智觉，不舍十方。"（T09，no. 278，p. 432，c13－14）梵本《大般若波罗蜜多经》中有 kalya 一词，义为"早晨""清晨"（dawn，morning）唐玄奘就将其翻译为"晨朝"。但是中古中土文献中未见该词用例，直到唐宋时期中土文献中有唐李白《闻谢杨儿吟猛虎词因有此赠》诗："同州隔秋浦，闻吟猛虎词。晨朝来借问，知是谢杨儿。"唐杜甫《与任城许主簿游南池》诗："晨朝降白露，遥忆旧青毡。"

炽焰

无明为钻燧，贪欲为炽焰。(p. 45, c9)

按："炽焰"即"烈焰"。该词大量出现在佛经文献，如姚秦竺佛念译《出曜经》卷十："得向之人，设遭百千苦恼，身堕回波深渊，若堕火坑炽焰之中。"(T04, no. 212, p. 662, a24 - 25)姚秦鸠摩罗什译《大庄严论经》卷十三："炽焰满其中，诈伪覆其上。"(T04, no. 201, p. 329, c27)同时期的中土文献未见。唐宋时期，中土文献中开始有用例，如唐段成式《酉阳杂俎·广动植三·木篇》："炽焰中忽生两树，无忧王因忏悔，号灰菩提树。"

出胎

动转极大苦，出胎生恐怖。(p. 27, b10)

按："出胎"即"降生"。中古时期该词仅见于佛经文献中，如东晋天竺佛陀跋陀罗译《达摩多罗禅经》卷一："出胎受生苦，轮转老病死。"(T15, no. 618, p. 313, b1)元魏般若流支译《毘耶娑问经》卷一："欲出胎时或能杀母，或藏中死。无福众生有如是相。"(T12, no. 354, p. 227, b8 - 9)

除舍

除舍五威仪，下车而步进。(p. 42, b29)

按："除舍"即"除去舍弃"。中古时期，该词仅见于佛经文献中，如元魏吉迦夜共昙曜译《杂宝藏经》卷二："如此恶法，宜共除舍。"(T04, no. 203, p. 456, c8)元魏瞿昙般若流支译《正法念处经》卷五十:“金性则不能,除舍诸苦恼。”(T17, no. 721, p. 294, c2)

船师

汝当为船师,渡着安隐处。(p. 17, a23)
良驷失善御,乘舟失船师。(p. 51, c9)

按:“船师”即“船夫”。该词仅在佛经文献中出现,最早见于三国支谦译《菩萨本缘经》卷三:“爱法之士慈愍大仙调御船师,为利众生,舍身寿命,今何所至?”(T03, no. 153, p. 66, b22-23)北凉昙无谶译《悲华经》卷六:“广度生死,犹如船师。”(T03, no. 157, p. 204, b19)梵本《撰集百缘经》中有 nāvika 一词,意思是“舵手”(helmsman, pilot, sailor),支谦就将其翻译为“船师”,如《撰集百缘经》卷二:“诸船师等,察众坐定。”(T04, no. 200, p. 208, b16)中古之后,中土文献中开始出现用例,如宋苏轼《再过泗上二首》之一:“殷勤买酒谢船师,千里劳君勤转橹。”

纯熟

如逸醉犴象,醉醒纯熟还。(p. 39, c15)
伏化纯熟归,如蛇被严咒。(p. 43, c7)
骏马勇于战,战毕纯熟还。(p. 50, b24)

按:“纯熟”即“成熟”。该词仅见于佛经文献中,最早见于东晋佛驮跋陀罗译《大方广佛华严经》卷三十五:“善根纯熟者,令出烦恼海。”(T09, no. 278, p. 626, c4)姚秦竺佛念译《出曜经》卷十六:“我观如来颜色变易,诸根纯熟,年过少壮,垂朽老迈。”(T04, no. 212, p. 695, c20-21)梵本《大般若波罗蜜多经》和《瑜伽师地论》中都有 pari-pakva 一词,表示“成熟”(mature),唐玄奘将其翻译为“熟”“成熟”或者“纯熟”。宋代起,中土文献中多见,如苏轼《次韵定慧钦长老见寄八首》之四:“真源未纯熟,习气馀陋劣。”

摧伏

摧伏怨家苦,能救苦归依。(p. 52, b16)

按:“催伏”即“折伏”“制服”。该词大量见于佛经文献,最早见于东晋佛驮跋陀罗译《大方广佛华严经》卷十九:“成就此回向已。则能摧伏一切怨敌。”(T09, no. 278, p. 523, c17)北凉昙无谶译《大方等无想经》卷四:“受持五戒守护正法,摧伏外道诸邪异见。”(T12, no. 387, p. 1098, a7-8)同时期的中土文献中未见。

颠狂

见若颠狂人,华鬘垂覆面。(p. 10, a9)

按:“颠狂”义为“举止狂乱”。该词最早见于佛经文献,如元魏留支译《金刚般若波罗蜜经》卷一:“若有善男子、善女人,谛听忆持尔所福聚,或心迷乱及以颠狂。”(T08, no. 236b, p. 759, c29-p. 760, a1)梵本《入楞伽经》中有 unmatta 一词,表示“疯狂”“狂乱”(mad),菩提留支将其翻译为“颠狂”。中古中土文献未见,唐代起中土文献多见,如唐贯休《古意九首》之八:“贺老成异物,颠狂谁敢和。”

顶发

忉利诸天下,执发还天宫,常欲奉事足,况今得顶发。(p. 12, a21-22)

按:“顶”即“头”,“顶发”就是“头发”。该词在佛经文献中十分常见,如东晋佛驮跋陀罗译《大方广佛华严经》卷十七:“是为菩萨摩诃萨,布施顶发及髻明珠,善根回向,令一切众生,悉得究竟一切陀罗尼诸三昧门一切种智及佛十力。”(T09, no. 278, p. 508, a22-25)东晋法显译《佛说大般泥洹经》卷三："欲令众生知此童子顶发俱生，诸天世人无能执刀临其顶上为剃发者。"(T12, no. 376, p. 871, a11-13)但是同时期中土文献中未见。

断坏

是故当执持，勿令其断坏。(p. 48, a17)

按："断坏"即"折断损坏"。中古时期该词仅见于佛经文献中，如东汉支娄迦谶译《道行般若经》卷二："设有谋作者，从所来处，便于彼间自断坏不复成。"(T08, no. 224, p. 431, b23-24)唐宋时期中土文献中才多见，如唐陆龟蒙《甫里先生传》："借人书，有编简断坏者缉之，文字谬误者刊之。"

健夫

应时应器施，如健夫临敌。(p. 36, a8)
健夫轻毒蛇，岂不伤其身。(p. 53, a2)

按："健夫"即"强壮的男子"。中古时期该词仅见于佛经文献，如姚秦弗若多罗译《十诵律》卷三十六："譬如健夫打破恶狗鼻，于汝等意云何。"(T23, no. 1435, p. 258, a6-7)姚秦竺佛念译《出曜经》卷二十三："或老羸极不能起居，要须健夫扶持两腋。"(T04, no. 212, p. 730, c19-20)中古之后，中土文献中才较为多见，如《晋书·郭璞传》："得健夫二三十人，皆持长竿，东行三十里，有丘林社庙者，便以竿打拍，当得一物，宜急持归。"唐姚合《腊日猎》诗："健夫结束执旌旗，晓度长江自合围。"

觉了

离七防制五，得三觉了三。(p. 4, c29)
诳惑男子心，我今已觉了。(p. 10, a19)

按:“觉了”为同义连文的并列复合词,义为“领悟明白”。与其对应的梵文是 bubudhe 一词,为动词√budha 的完成时形式,表示“懂得”“了解”(learn, understand)。“觉了”仅在佛经文献中出现,如东晋佛驮跋陀罗译《大方广佛华严经》卷四十五:“得一切法无碍智慧,觉了无尽智真实际。”(T09, no. 278, p. 685, b9－10)。北凉昙无谶译《悲华经》卷七:“若有众生不知善地,闻佛说法,即得觉了善地之法。”(T03, no. 157, p. 209, b22－23)

渐次

始自身诸窍,渐次修虚解。(p. 23, c7)
既见生死因,渐次见真实。(p. 27, c17)
如来渐次至,不觉违要言。(p. 29, b20)
渐次第游行,至彼蒲加城。(p. 46, a2)

按:“渐次”犹“逐渐”“次第”。该词最早见于佛经文献,如东晋佛陀跋陀罗译《达摩多罗禅经》卷二:“诸修行者欲趣涅槃,背三世苦,向解脱城,渐次发行诸善功德。”(T15, no. 618, p. 322, a15－16)东晋佛陀跋陀罗共法显译《摩诃僧祇律》卷一:“此鹿形貌端正色若天金,角白如珂,目紫绀色,一切人见莫不雅奇,渐次行诣波罗奈城。”(T22, no. 1425, p. 231, b3－5)同时期的中土文献不见。随后唐代中土文献中用例逐渐增多,如唐司马承祯《天隐子·渐门》:“是故习此五渐之门者,了一则渐次至二,了二则渐次至三,了三则渐次至四,了四则渐次至五,神仙成矣。”

开敷

譬如四种华,日照悉开敷。(p. 8, b28)

按:“开敷”义为“花朵开放”。《大词典》首引李大钊《俄罗斯文学与革命》:"今也赤旗飘扬,俄罗斯革命之花灿烂开敷,其光华且远及于荒寒之西伯利亚矣。"年代晚。该词最早见于中古佛经文献,如东晋佛陀跋陀罗译《佛说观佛三昧海经》卷二:"围绕蠡文数百千匝,从枕骨生,如金莲华叶日照开敷。"(T15, no. 643, p. 654, c18 - 19)北凉昙无谶译《悲华经》卷三:"以光明故无有昼夜,众华开敷即知昼分。"(T03, no. 157, p. 187, b25 - 26)同时期的中土文献未见。唐宋时期,中土文献开始出现,如宋苏辙《所寓堂后月季再生与远同赋》:"及春见开敷,三嗅何忍折。"

渴仰

诸龙王欢喜,渴仰殊胜法。(p. 1, b21)

吾今心渴仰,欲饮甘露泉。(p. 10, a24)

按:"渴仰"即"渴望仰慕",《大词典》中未收。中古时期该词仅见于佛经文献,最早见于东汉昙果共康孟详译《中本起经》卷二:"当尔日也,境界人民,靡不敬肃渴仰世尊。"(T04, no. 196, p. 157, b16 - 17)东晋佛驮跋陀罗译《大方广佛华严经》卷四十八:"既充愿已,为说正法,悉令长养诸功德藏,消生死爱,渴仰佛法,乃至具足大人味味之相。"(T09, no. 278, p. 706, b20 - 22)元魏慧觉等译《贤愚经》卷十二:"时净饭王,闻佛道成,游行教化,多有所度,情怀渴仰,思得睹覲。"(T04, no. 202, p. 433, c12 - 14)中古之后,中土文献中开始多见,如明《三国演义》第六十回:"倘蒙不弃,到荒州暂歇片时,以叙渴仰之思,实为万幸!"

坑陷

譬如不调马,令人堕坑陷。(p. 48, a24)

按:"坑陷"即"陷阱"。该词在佛经文献中十分常见,如元魏菩提留支译《大萨遮尼乾子所说经》卷四:"或推水中,或推火中,或推山涧坑陷之中。"(T09, no. 272, p. 336, a25)元魏般若流支译《正法念处经》卷三十:"作诸不善业,放逸坠坑陷。"(T17, no. 721, p. 173, c27)同时期的中土文献未见。唐代起中土文献中用例开始增多,如唐刘肃《大唐新语·褒锡》:"出太子于坑陷,人谓此举义重于生。"

枯萎

犹如秋田苗,失水悉枯萎。(p. 45, b5)

按:"枯萎"即"干枯萎谢"。《大词典》首例引宋苏轼《哭王子立次儿子迨韵》之二:"儿曹莫凄恸,老眼欲枯萎。"年代晚。该词最早见于姚秦凉州沙门竺佛念译《出曜经》卷二十四:"水泡虚伪不可久停,愿王与我作紫金鬘,终日竟夜无有枯萎。"(T04, no. 212, p. 738, b1-2)同时期的中土文献中未见。宋代起,中土文献中开始有用例,如《资治通鉴·齐纪十·和皇帝》:"望民家有好树、美竹,则毁墙撤屋而徙之,时方盛暑,随即枯萎,朝暮相继。"

母人

长宿诸母人,互乱祈神明。(p. 1, c27)

按:"母人"即"女人"。中古时期,该词仅见于佛经文献,如东汉支娄迦谶译《道行般若经》卷五:"譬若母人一一生子"(T08, no. 224, p. 448, c19)东汉昙果共康孟详译《中本起经》卷一:"法兴难值,道教难得,可勅国内诸母人辈乐闻法者,使出听受。"(T04, no. 196, p. 155, b27-28)东晋佛陀跋陀罗共法显译《摩诃僧祇律》卷二十九:"时有诸母人情多怜愍。"(T22, no. 1425, p. 461, b4-5)

被着

即与车匿别,被着袈裟衣。(p. 12, b12)

按:“被着”即“穿着”。与其对应的梵文是 saṃbhṛta 一词,为动词 saṃ-√bhṛ的过去被动分词形式,表示“穿着”(weared)。“被着”最早见于佛经文献中,而且十分常见,如西晋竺法护译《意经》卷一:“所为剃须发,已被着袈裟,信乐出家。”(T01, no. 82, p. 902, a23-24)东晋佛驮跋陀罗译《大方广佛华严经》卷六:“善法满足,被着衣裳。”(T09, no. 278, p. 431, a19)同时期的中土文献未见。

弃舍

我既名善友,弃舍丈夫义。(p. 7, c6)
则同须曼提,弃舍于罗摩。(p. 11, c3)
深爱而弃舍,此则违宿心。(p. 11, c13)
而复欲弃舍,是故劝请留。(p. 13, b21)
而今弃舍去,遂成丘旷野。(p. 13, b28)
汝为苦行长,云何相弃舍。(p. 13, c12)
而今弃舍汝,其心甚怅然。(p. 13, c22)
又子生未孩,而能永弃舍。(p. 15, c18)
如人佩花鬘,朽故而弃舍。(p. 22, b26)
是故我弃舍,精勤奉事火。(p. 32, b3)
是故今弃舍,更求胜寂灭。(p. 32, b10)
一切智通达,而今悉弃舍。(p. 45, c14)
神通腾虚游,苦器故弃舍。(p. 50, c13)

按:“弃舍”即“舍弃”“丢开”。该词最早见于佛经文献,如东汉支娄迦谶译《道行般若经》卷四:“当来行菩萨道者,得闻深般若波罗蜜,不可意便弃舍去,反明声闻、辟支佛法,于中求萨芸若。”(T08, no. 224, p. 447, b3-5)又《般舟三昧经》卷二:“常乞食不受请,悉弃舍诸欲乐。”(T13, no. 418, p. 910, a5)佛经文献中十分常见,如东晋佛驮跋陀罗译《大方广佛华严经》卷五十二:"如是显现智波罗蜜,悉令众生皆大欢喜,熙怡悦乐,身心柔软,除灭热恼,远离忧戚,弃舍众恶,调伏诸根,心得解脱,于一切智得不退转。"(T09, no. 278, p. 725, a28-b2)同时期的中土文献中未见。从唐代开始,该词在中土文献中的用例开始增多,如《易·井》"旧井无禽时舍也"唐孔颖达疏:"时舍也者,以既非食,禽又不向,即是一时共弃舍也。"

软语

软语而教敕,务施以财物。(p. 5, a3)
即呼猎师前,软语而告曰。(p. 12, b2)
软语安慰言,为说真实法。(p. 44, b1)
应时随顺言,软语而问讯。(p. 47, b8)

按:"软语"义为"柔和而委婉的话语"。该词最早见于东汉佛经文献,如东汉安世高译《佛说大安般守意经》卷二:"至诚语、软语、直语、不还语,是为直语。"(T15, no. 602, p. 170, b7-8)东汉支娄迦谶译《道行般若经》卷七:"若乃前世时,亦复作是软语。"(T08, no. 224, p. 460, b14-15)同时期的中土文献中不见。唐宋时期,中土文献中开始出现,如杜甫《赠蜀僧闾丘师兄》:"夜阑接软语,落月如金盆。"宋欧阳澈《玉楼春》:"软语清歌无限妙。"

伤坏

竦身自投地,四体悉伤坏。(p. 14, c24)

按:"伤坏"即"受伤"。该词仅见于中古时期的佛经文献,最早见于东汉安世高译《普法义经》卷一:"七为莫为我身伤坏。"(T01, no. 98, p. 923, c25)姚秦弗若多罗译《十诵律》卷十一:"是比丘柔软乐人。头手伤坏钵破衣裂。"(T23, no. 1435, p. 78, b19-20)萧齐求那毘地译

《百喻经·为熊所啮喻》:"父见其子身体伤坏,怪问之言:'汝今何故被此疮害?'"(T04, no. 209, p. 555, c5-6)

衰变

若令诸女色,至竟无衰变。(p. 8, a8)

按:"衰变"即"衰落变化"。该词最早见于佛经文献中,如三国支谦译《菩萨本缘经》卷二:"舌干口燥不能语言,头重难胜犹如太山,耳听不了身体衰变,而有欲想犹如壮时。"(T03, no. 153, p. 59, c2-4)西晋竺法护《正法华经》卷三:"吾既朽老,志力衰变。"(T09, no. 263, p. 81, c2)同期中土文献中未见。唐宋时期,中土文献中的用例逐渐增多,如白居易《花下对酒二首》之二:"年芳与时景,顷刻犹衰变。况是血肉身,安能长强健?"宋苏辙《许昌青词》之三:"齿发衰变,气血消亡。"

睡眠

昼夜忘睡眠,何由习五欲。(p. 8, b3)
悉皆令睡眠,容仪不敛摄。(p. 9, c28)
衣被却风寒,卧以治睡眠。(p. 21, b14)
能减于睡眠,而来敬礼我。(p. 34, b16)
明人见斯变,勤修岂睡眠。(p. 39, b10)
初后二夜分,亦莫着睡眠。(p. 48, b15)
勿终夜睡眠,令身命空过。(p. 48, b17)
时火常烧身,云何长睡眠。(p. 48, b18)

按:"睡眠"即"睡觉"。该词最早见于佛经文献中,如东汉安世高译《佛说大安般守意经》卷一:"身重意瞪瞢,但欲睡眠,是为疲极相。"(T15, no. 602, p. 166, b2-3)东汉支娄迦谶译《般舟三昧经》卷二:"常勤力不懈怠,除睡眠心开解。"(T13, no. 418, p. 910, a11)西晋竺法护译《普曜经》卷三:"时妃俱夷无增减心,卧常觉寤初不睡眠,在于燕室寂寞思惟。"(T03, no. 186, p. 502, a20-22)同时期的中土文献不见。唐宋时期,该词在中土文献中多见,如唐李咸用《谢僧寄茶》诗:"空门少年初地坚,摘芳为药除睡眠。"宋陆游《太息》诗:"客路少睡眠,月白闻号鸡。"

谓呼

谓呼太子还,不见而绝声。(p. 14, c13)

按:"谓呼"犹"谓言"。该词仅见于佛经文献中,如三国康僧会译《六度集经》卷六:"其长者家,素不知法,怪此夫人口为妄语,谓呼鬼病。"(T03, no. 152, p. 35, c8-9)东晋天竺佛陀跋陀罗共法显译《摩诃僧祇律》卷二十二:"大德,谓呼此食是无种钱作耶?"(T22, no. 1425, p. 406, b12)萧齐求那毘地译《百喻经·见水底金影喻》:"昔有痴人往大池所,见水底影有真金像,谓呼有金,即入水中挠泥求觅。"(T04, no. 209, p. 551, c29)

系缚

我见等烦恼,系缚诸世间。(p. 32, c13)

按:"系缚"即"捆绑束缚"。该词最早见于佛经文献,如三国康僧会译《旧杂譬喻经》卷一:"天神则化作一人,于市中卖之,状类如猪,持铁锁系缚。"(T04, no. 206, p. 514, c19-20)佛经文献中十分常见,如东晋天竺佛驮跋陀罗译《大方广佛华严经》卷七:"以业烦恼为罗网,系缚一切诸凡夫。"(T09, no. 278, p. 440, a21)但是中古中土文献中未见,唐朝中土文献中用例开始增多,如唐刘恂《岭表录异》卷上:"贾人船不用铁钉,只使桄榔须系缚,以橄榄糖泥之,糖干甚坚,入水如漆也。"唐杜牧《郡斋独酌》诗:"促束自系缚,儒衣宽且长。"

显现

黠慧与愚暗，显现不显现。(p. 23, b1)

妙义悉显现，安住实智中。(p. 28, b24)

按："显现"即"显露""呈现"。该词大量见于中古佛经文献，而不见于同时期的中土文献，如西晋竺法护译《普曜经》卷四："菩萨严饰衣被第一显现，手执应器，思惟无念，入罗阅祇欲行分卫。"(T03, no. 186, p. 509, b27－28)东晋天竺佛陀跋陀罗译《达摩多罗禅经》卷一："若不舍自相，自相则显现。"(T15, no. 618, p. 304, a16)北凉昙无谶译《悲华经》卷二："有如是等无量世界，微妙光明悉皆遍照令得显现。"(T03, no. 157, p. 179, a14－15)唐宋以降，中土文献用例才逐渐增多，如宋赵令畤《西江月》："炉熏清炷坐安禅，物物头头显现。"

赞叹

承威神赞叹，劝发成佛道。(p. 1, b20)

高声遥赞叹，安慰言善来。(p. 22, b17)

如是赞叹已，法爱增恭敬。(p. 37, c14)

按："赞叹"即"称赞"。该词最早见于佛经文献，如东汉支娄迦谶译《道行般若经》卷八："何等为行菩萨道为佛所赞叹？"(T08, no. 224, p. 467, c7－8)又《道行般若经》卷八："诸佛各各于其刹四部弟子中，说是菩萨功德，各各赞叹善之。"(T08, no. 224, p. 467, b28－c1)萧齐求那毗地译《百喻经·五百欢喜丸喻》："时彼国人卒尔敬服，咸皆赞叹。"(T04, no. 209, p. 553, a21－22)唐代起，中土文献中多见，如刘崇远《金华子杂编》："裴公亦赞叹，明年，列于门生矣。"

战掉

> 或以面掩地,或举身战掉。(p. 10, a10)
> 此箭毒炽盛,慊慨而战掉。(p. 25, b25)

按:"战掉"即"恐惧发抖"。中古时期,该词仅见于佛经文献,如东晋天竺帛尸梨蜜多罗译《佛说灌顶经》卷六:"我今暂至冢塔之上,朝拜先亡瞻视山野,忽为鬼神之所娆乱,是故恐怖战掉如是。"(T21, no. 1331, p. 513, a22-24)元魏慧觉等译《贤愚经》卷六:"我今观汝,血出流离,形体战掉,言不悔恨,此事难信。"(T04, no. 202, p. 392, c2-4)唐宋时期才逐渐在中土文献中出现,如唐韩愈《上襄阳于相公书》:"及至临泰山之悬崖,窥巨海之惊澜,莫不战掉悼栗,眩惑而自失。"宋胡仔《苕溪渔隐丛话前集·参寥》:"秦武阳气盖全燕,见秦王则战掉失色。"

长宿

> 长宿诸母人,互乱祈神明。(p. 1, c27)
> 问长宿梵志,所行真实道。(p. 12, c22)
> 诸长宿梵志,蓬发服草衣。(p. 13, b22)
> 长宿诸士女,心信佛法者。(p. 52, c16)

按:"长"是"年长"的意思,"宿"指有名望的人,"长宿"即年长而素有声望的人。中古时期,该词仅见于佛经文献,如东晋佛陀跋陀罗共法显译《摩诃僧祇律》卷三十四:"问时不得问年少妇女,闻已当笑,应问长宿。"(T22, no. 1425, p. 504, c3-4)北凉昙无谶译《大般涅槃经》卷六:"然佛法中,年少幼小应当恭敬耆旧长宿,以是长宿先受具戒,成就威仪。"(T12, no. 374, p. 399, c12-14)

3.3.3 仅见于《佛所行赞》与中土文献的新词

在《佛所行赞》的新词中,有一部分词语多见于中古时期的中土文献,却不见或极少见于同时期其他的佛经文献,这表明《佛所行赞》与一般的佛经文献有所区别。《佛所行赞》和其他的佛经文献相同,都承载着佛教的教义和文化,由以梵文为主的外来语翻译而来,因此很大程度上可以排除佛教内容和梵文的影响,余下的影响因素就是语体色彩以及译者的用词习惯等。本节将对这部分新词进行一般性的考察,以初步呈现《佛所行赞》自身的词汇特征,而关于语体色彩的深入考察将在本书第五章具体展开。

哀情

金石尚摧碎,何况溺哀情。(p. 11, b12)

按:"哀情"义为"悲伤的感情"。该词首见于汉武帝《秋风辞》:"欢乐极兮哀情多,少壮几时兮奈老何?"中土文献中很常见,如南朝梁刘勰《文心雕龙·诔碑》:"至于序述哀情,则触类而长。"但是在其他佛经文献中未见,之后在唐义净译《根本说一切有部毘奈耶杂事》中多次出现,如:"彼出家者,闻父身亡,便生是念:'我有兄弟,今可言归,为其说法。'既到舍已,兄弟相见,共尽哀情。"(T24, no. 1451, p. 294, b5-7)

崩溃

魔众悉忧戚,崩溃失威武。(p. 26, c14)

按:"崩溃"义为"瓦解溃散"。该词在中土文献中常见,如《后汉书·东夷传序》:"陈涉起兵,天下崩溃。"《魏书·岛夷刘骏列传》:"骏至南洲,顿漂洲,令柳元景等击劭,劭众崩溃,奔走还宫。"但是中古佛经文献中,该词仅在《佛所行赞》里出现。

标挺

华族大丈夫，标挺胜多闻。(p. 15，a10)

按:“标挺”义为“秀出挺拔”。该词在中土文献中多见，如南朝梁陶弘景《冥通记》卷一:“此是南真告杨、许者，卿得之甚好，二君亦标挺。”唐吴筠《竹赋》:“伟兹竹之标挺，得造化之清源。”中古佛经中仅在《佛所行赞》出现，此后在宋赞宁撰《宋高僧传》中有:“释鸿休，不知何许人也，神宇标挺，玄机斡运。”(T50，no. 2061，p. 856，b25－26)

抱病

抱病而不服，是非良医过。(p. 49，b18)

按:“抱病”即“有病在身”“患病”。中土文献中有《魏书・陆俟传》:“吾所以数年之中抱病忍死者，顾门户计耳。”该词在中古时期其他佛经文献中未见。

抱愧

更互相顾视，抱愧寂无言。(p. 7，a5)

按:“抱愧”义为“心中有愧”“惭愧”。该词最早见于《三国志・魏书・毌丘俭传》裴松之注:“退惟不能扶翼本朝，抱愧俛仰，靡所自厝。”但是在中古时期其他佛经文献中未见。

承袭

伏闻名高族，盛德相承袭。(p. 19，c14)

按:“承袭”义为“继承”。与其对应的梵文是 kramāgata 一词，表示“世袭相续的”。“承袭”在中古文献中很常见，如《后汉书·质帝纪》：“孝安皇帝承袭统业。”《魏书·道武七王传·河南王》：“鉴薨之后，与鉴子伯宗竞求承袭。”中古佛经文献中，“承袭”仅在《佛所行赞》里出现。

定期

无常无定期，死怨常随伺。(p. 11，b1)

按：“定期”义为“一定的期限”或者“一定的日期”。中土文献中多见，如晋王羲之《与尚书仆射谢安书》：“今事之大者未布，漕运是也。吾意望朝廷可申下定期，委之所司，勿复催下，但当岁终考其殿最。”《南齐书·王敬则传》：“年常岁调，既有定期，僮恤所上，咸是见直。”但是中古其他佛经文献中未见。

樊笼

文暗皮骨离，野鸟离樊笼。(p. 23，c12)

按：“樊笼”义为“关鸟兽的笼子”。与其对应的梵文是 pañjara 一词，表示“笼子”(cage，net)。中土文献中十分常见，如晋陶潜《归园田居》诗之一：“久在樊笼里，复得返自然。”中古佛经文献中，该词仅在《佛所行赞》里出现。

分乖

躃地称怨叹，双输鸟分乖。(p. 15，c2)
随心先所期，从路各分乖。(p. 29，b1)

按：“分乖”即“分离”。该词在中古文献中多见，如《三国志·吴书·华覈传》：“况今六合分乖，豺狼充路，兵不离疆，甲不解带，而可以不广生财之原、充府藏之积哉？”而中古佛经文献中，“分乖”仅在《佛所行赞》里出现。

扶抱

或为贯璎珞，或有扶抱身。(p. 7, b12)

按："扶抱"即"双手扶持或抱着"。该词最早见于《魏书·辛雄传》："父于郡遇患，雄自免归，晨夜扶抱。"中古佛经文献中，该词仅在《佛所行赞》中出现。

浮沫

烦恼为浮沫，邪见摩竭鱼。(p. 45, c4)

按："浮沫"即"泡沫"。该词最早见于《齐民要术·脯腊》："白汤熟煮，掠去浮沫；欲出釜时，尤须急火，急则易燥。"中古其他佛经文献中未见该词。

宏丽

为立清净宫，宏丽极庄严。(p. 4, c1)

按："宏丽"即"宏伟壮丽""富丽"。该词在中古中土文献中十分常见，如北齐颜之推《颜氏家训·文章》："自古执笔为文者，何可胜言？然至于宏丽精华，不过数十篇耳。"《宋书·宗室传》："士民殷富，五陵既有惭德；宫宇宏丽，三川莫之能比。""宏丽"不见于中古其他佛经文献。

呼叫

或呼叫吼唤，恶声震天地。(p. 25, c29)

按："呼叫"即"大声叫喊"。《大词典》首例引《新唐书·文艺传中·张旭》："旭，苏州吴人，嗜酒，每大醉，呼叫狂走，乃下笔。"年代晚。该词中古时期就已产生,中土文献《冥祥记》中有:“其人宛转呼叫,筋骨碎落。”但是该词不见于中古时期的其他佛经文献。

荒悖

所闻法悉忘,荒悖亡天地。(p. 44, a16)

按:“荒悖”即“恐慌”“惊慌”。《大词典》首例引《新唐书·文艺传中·宋之问》:“之问荒悖不能处家事。”年代晚。该词最早见于《魏书·李冲传》:“冲素性温柔,而一旦暴恚,遂发病荒悖,言语乱错,犹扼腕叫詈,称李彪小人。”中古时期的其他佛经文献中未见。

留情

触事不留情,所居无暂安。(p. 6, a24)
吾今分半国,庶望少留情。(p. 19, c23)

按:“留情”即“留注情意”。中古中土文献中十分常见,如南朝宋谢惠连《七月七日咏牛女》:“留情顾华寝,遥心逐奔龙。”《南齐书·武帝本纪》:“昔汉武留情晚悟,追恨戾园,魏文侯克中山,不以封弟,英贤心迹,臣所未详也。”中古其他佛经文献中未见,但是唐宋时期的中土撰述中多见,如唐道宣撰《续高僧传》卷五:“皇太子留情内外,选请十僧入于玄圃。”(T50, no. 2060, p. 464, b5-6)

迷涂

如制迷涂马,还得于正路。(p. 53, c29)

按:“迷途”即“迷路”,指迷失道路。中土文献中多见,如晋陶潜《归去来兮辞》:“实迷途其未远,觉今是而昨非。”《南齐书·褚渊传》:“迷途失偶,恸不及悲。”中古其他佛经文献不见,但是唐宋时期的译经文献中较为常见,如唐玄奘译《大般若波罗蜜多经》卷五六八中有:“为迷涂者说正直道,令远邪路。”(T07, no. 220, p. 933, a27 - 28)

遣情

遣情无遗念,飘然超出城。(p. 10, b25)

按:“遣情”即“排遣情思”。该词在中古中土文献中十分常见,如北齐刘昼《刘子・去情》:“是以圣人弃智以全真,遣情以接物。”晋葛洪《抱朴子・明本》:“道家所习者,遣情之教戒也。”中古时期其他佛经文献中未见。

仁恕

应死垂仁恕,不加麤恶言。(p. 5, a2)

按:“仁恕”即“仁爱宽容”。该词在中古中土文献中多见,如《世说新语・政事》“山遐去东阳”刘孝标注引《江惇传》:“惇隐东阳,以仁恕怀物。”《三国志・魏书・夏侯玄传》:“仁恕称于九族,岂不达于为政乎?”“仁恕”在中古其他佛经文献中不见,唐宋时期才有用例,如唐道宣撰《续高僧传》卷十:“复扬讲席,随方利安,而仁恕在怀,言笑温雅。”(T50, no. 2060, p. 507, c22 - 23)

收罗

自力广收罗,天下孰不推。(p. 19, c29)

按:“收罗”即“使聚集在一起”。该词在中古中土文献中十分常见,如《文选・陈琳〈为袁绍檄豫州〉》:“收罗英雄,弃瑕取用。”刘良注:“收罗,谓采访贤才。”《宋书・吴喜传》:“收罗群逆,皆作爪牙,抚接优密,过于义士。”中古佛经文献中,“收罗”仅在《佛所行赞》中出现。

素心

汝已见真谛，素心好行施。（p. 36，a2）

按："素心"即"本心""素愿"。该词在中古时期的中土文献中十分常见，如南朝梁江淹《陶徵君田居》："但愿桑麻成，蚕月得纺绩。素心正如此，开径望三益。"《南齐书・崔慧景传》："古人有力扛周鼎，而有立锥之叹，以此言死，亦复何伤！平生素心，士大夫皆知之矣。"中古其他佛经文献中不见，但是在唐义净译《根本说一切有部毘奈耶》中有出现："今此新妻身未相触，宜当进奉以表素心。"（T23，no. 1442，p. 884，a16－17）

特秀

藏根于五山，特秀峙中亭。（p. 19，a19）

按："特秀"即"独特秀丽"。该词最早见于《东观汉记・地理志》："有龙丘山在东，有九石特秀。"中土文献中常见，如三国魏嵇康《琴赋》："若乃重巘增起，偃蹇云覆，邈隆崇以极壮，崛巍巍而特秀。"《宋书・谢灵运传论》："降及元康，潘陆特秀，律异班贾，体变曹王。"中古佛经文献中，"特秀"仅在《佛所行赞》中出现。

凶狂

清净雪山中，凶狂群白象。（p. 4，a5）

按："凶狂"即"凶恶狂暴"。《大词典》首例引宋叶适《上光宗皇帝札子》："颜亮凶狂，离其巢窟，跳踯一战，鼓声所震，常、润之屋瓦几无宁者。"年代晚，该词最早见于《宋书・蔡廓传》："若朝廷有事，可共立桓、文之功，岂与受制凶狂、祸难不测同年而语乎？"该词不见于中古时期的其他佛经文献。

悬心

望宽远游情，以慰我悬心。(p. 16，c26)

按:"悬心"即"挂心""担心"。中土文献中有晋王羲之《静媲贴》:"此上下可耳，出外解小分张也。须产往迎庆，思之不可言。知静媲面犹尔，甚悬心。"中古其他佛经文献中未见。

炫惑

爱欲迷其心，炫惑于女色。(p. 42，a4)

按:"炫惑"即"迷乱""困惑"。该词在中古中土文献中多见，如《三国志・吴书・张温传》:"(孙权)既阴衔温称美蜀政，又嫌其声名大盛，众庶炫惑，恐终不为己用，思有以中伤之。"《魏书・术艺传・江式》:"俗学鄙习，复加虚巧，谈辩之士，又以意说，炫惑于时，难以厘改。"而中古佛经文献中，该词仅出现于《佛所行赞》中。

迅流

如鞭策良马，驰驶若迅流。(p. 16，b17)

无智为迅流，漂浪诸众生。(p. 45，a11)

灭除一切冥，不停若迅流。(p. 50，c3)

向生死迅流，谁当说令反。(p. 51，c1)

按:"迅流"即"急流"。该词在中古中土文献中十分常见，如晋挚虞《观鱼赋》:"骋微巧于浮觞，竞机捷于迅流。"中古佛经文献中仅出现于《佛所行赞》，此后在宋代施护译《福力太子因缘经》中有:"而忽见一迅流大河，深广可怖。"(T03，no. 173，p. 431，c1-2)

逸越

横泄而奔走，逸越如暴风。(p. 40，c26)

按："逸越"即"逃散"。中古中土文献中有晋常璩《华阳国志·公孙述刘二牧志》："(公孙述)作围守防遏逸越，斩首万计，遂据成都，威有巴汉。"中古时期佛经文献中，该词仅见于《佛所行赞》。

愚诚

愿可思还宫，以慰我愚诚。(p. 11，c14)

按："愚诚"谦指本人的诚意、衷情。该词在中古中土文献中多见，如晋李密《陈情表》："伏愿陛下，矜愍愚诚，听臣微志。"《宋书·何尚之传》："伏愿少采愚诚，思垂省察，不以人废，适可以慰四海之望。"同时期其他佛经文献中未见，但是唐宋时期中土撰述中多见，如宋赞宁撰《宋高僧传》中有："仰酬皇泽，俯课忠勤，既竭愚诚，庶昭玄造。"(T50，no. 2061，p. 735，b20－21)

子养

息爱静其心，受我子养法。(p. 37，a23)
当崇法王业，子养于万民。(p. 38，c26)

按："子养"即"养育"。《大词典》首例引唐韩愈《潮州刺史谢上表》："天子神圣威武慈仁，子养亿兆人庶，无有亲疏远近。虽在万里之外，岭海之陬，待之一如畿甸之间、辇毂之下。"年代晚。该词最早见于《白虎通义·封公侯》："上以尊天子，备蕃辅，下以子养百姓，施行其道，开贤者之路，谦不自专，故列土封贤，因而象之，象贤重民也。"中土文献中很常见，如《宋书·乐志三》："从温补洛阳令，治行致贤，拥护百姓，子养万民。"但是该词在中古时期的其他佛经文献未见。

3.4 小结

本章从共时和历时两个层面对《佛所行赞》词汇进行了描写。

首先，本章从共时层面勾勒出《佛所行赞》词汇构成的整体面貌，并通过与同时期中土文献的对比，指出《佛所行赞》词汇具有两个明显的特点：一是复音词数量多，不同于上古以单音词为主的词汇面貌，同时其复音化程度又要高于同时期的中土文献；二是存在大量外来词，语音造词比例要远远高于同时期的中土文献。

其次，本章从历时层面将《佛所行赞》分别与上古和中古时期的文献进行对比，考察《佛所行赞》词汇的传承词和新词。从整体上看，《佛所行赞》词汇中的传承词约占所有词的六成，语音形式上单音词和复音词旗鼓相当。新词约占四成，其语音形式则是以复音词为主，单音词的比重极小。

从历史词汇学的角度来看，词汇中旧质成分的保留是语言稳定性的体现。传承词占据《佛所行赞》词汇的大宗，而且大多数传承词的用法和意义自先秦两汉到中古时期并没有发生太大的变化，这表明《佛所行赞》的词汇从根本上是继承于上古汉语，传统汉语研究的成果和方法不仅适用，而且在任何时候都是中古汉语词汇研究的基石。

同时，语言又是随着社会的发展而不断发展的，继承和发展是语言演进过程中对立统一的两个方面。从本章讨论的词例来看，有一定数量的传承词在中古时期或者意义发生了扩充和变化，或者用法和搭配关系有了新的拓展，这表明即使相对稳定的传承词也会发生词义或用法上的变化。这些变化，有些是汉语自身发展规律在起作用，对其可以采用传统的汉语研究方法进行考释；也有一些则可能是受到了梵文原典语言的影响，是汉译佛经文献的特殊性质造成的，对其需要从语言接触的角度进行剖析。

《佛所行赞》中丰富的新词表明汉语词汇在中古时期有了较为迅速

的发展，具有鲜明的时代特色。这些新词蕴藏着不同角度的信息，折射出中古汉语、中古汉译佛经文献以及《佛所行赞》作品自身不同范围词汇系统的特点。

新词中的大部分，同时出现于中土文献和佛经文献，这部分词语代表了中古汉语词汇的面貌。由此可以推测，佛经文献中保留了大量的中古时期的词汇，对中古汉语研究有着重要的价值。

新词中的一小部分，仅见于中古时期佛经文献，而几乎不见于同时期的中土书面文献。这些新词存在两种可能的情况：一是中古时期的口语词，不见于当时的中土书面文献，但是出现在佛经文献中；二是承载了佛教内容，是汉译佛经文献词汇系统中的惯用词汇。这两种情况均反映了汉译佛经文献自身的特殊性质。

新词中的另一小部分，仅见于《佛所行赞》和中土文献，却不见于其他佛经文献，这类词语的存在或是出于内容表达的需要，使用了其他佛经不用的词语，或者是使用了译者的方言或习语等。但无论如何，这些词语体现了《佛所行赞》词汇自身的特色，并与译者有着密不可分的关系。

总体而言，《佛所行赞》中的新词主要包括两个部分：汉语自身发展产生的新词和佛经翻译过程中译师创造的新词。这些新词经过佛典的书面语化，伴随佛教的传播得以推广，有些融入并最终成为汉语词汇系统中的一部分，在一定程度上丰富了汉语词汇。

第四章 语言接触对《佛所行赞》词汇的影响

《佛所行赞》中有一些较为特殊的词汇现象，这些现象与源头语梵语之间存在着一定的关联。本章拟运用梵汉对勘的方法，将汉译本《佛所行赞》与梵文原典平行对比，从微观层面具体分析语言接触对汉译佛经词汇语音形式、词义、语素组合等不同属性的影响，考察由语言接触引发的汉语词汇变异现象，阐释汉译佛经词汇的特点及其形成动因。

4.1 汉译佛经文献中的语言接触

语言接触是人类语言发展过程中十分常见的现象。几乎任何一种语言都不是孤立存在的，通常都会跟其他语言发生不同形式、不同程度的接触。从语言接触的方式上来看，既包括使用不同语言的说话者之间面对面的交流，也包括书面语文献之间的接触（Braunmuller & House，2009:1）。前者是接触双方在时间和空间均不分离的情况下，通过口语交际实现，称为“直接语言接触”；后者则是在时间和空间分离的情况下，通过书面翻译实现，称为“间接语言接触”（顾阳，2004:82）。

汉译佛经文献就是典型的基于文献翻译展开的间接语言接触的产物。佛经翻译的源头语言主要是印度梵语（Sanskrit）和俗语（Prakrit）及其变体如犍陀罗语（Gandhari）、中期印度语（Middle Indic）等，其中以梵文佛典数量最多。梵语是印欧语系印度伊朗语族印度语支的一种古代语言，其语言类型属于典型的曲折型语言（inflected language），即采用形态变化表示性、数、格、时、体、态等语法关系。汉语属于典型的孤立型语言（isolating language），没有形态变化，只能通过虚词和语序表示语法关系。梵语与汉语在语言类型上存在如此大的差异，再加上佛经内容中印度佛教文化与中土传统文化的不同，译者汉语水平的有限，翻译方法和技巧的束缚，种种因素交织在一起，不仅为早期佛经翻译带来了巨大的困难，也使汉译佛经文献不可避免地存在很多汉语本身没有、受到原典语言影响而产生的语言现象（王继红，2006：91－92）。梵汉语言之间通过翻译产生的这种间接接触，其最为直接、最为显著的结果之一就是汉译佛经语言具有“汉外混合”的特殊性质。朱庆之（2001；2007）多次指出由于大量汉译佛经的译者是外籍僧侣，他们的母语不是汉语，因此译经语言难免会掺杂外来成分（这些外来成分除了来自原典语言，还有可能来自译者的母语），具有汉外混合的“洋泾浜”特质。

语言接触过程中，源头语输入到目的语中的语言体系是具有借用等级的，即目的语受到源头语的影响在语言结构中存在不同的梯度，具体表现为：词汇成分（非基本词）＞句法成分/音系成分＞形态成分（吴福祥，2007：20）。换言之，词汇成分在语言系统中最易受到语言接触的影响。词语作为音义结合的语言符号，本身包括语音形式、词义、语素组合等多个属性。佛经翻译过程中，语言接触对汉语词语的这些属性产生了不同程度的影响。

第一，词语的语音形式方面，语言接触导致汉译佛经文献中产生了大量多音节词。汉译佛经需要承载西域佛教文化，表达和传播大量的新概念、新事物，音译作为翻译这些新概念和新事物的重要手段之一，采用已有汉字甚至创造新字去模拟外语的读音进行记录。由于源头语梵语词以多音节为主，因此音译词也相应地以多音节为主。汉语词汇复音化过程中，中土文献中双音词一直占据着复音词的主体。汉译佛经文献中大量的三音节及以上的多音节词，不仅给汉译佛经文献带上了浓厚的异域色彩，同时也是造成汉译佛经词汇复音化程度高于中土文献的重要原因之一。

第二，词语的意义方面，语言接触使得某些汉语词语产生了一些缺乏引申关系的新义。梵语和汉语一样，也存在一词多义的情况。佛经翻译过程中，汉语词实际上仅在某一个义位上与梵语词对应，并不是也不大可能所有义位都与梵语词对应，这是因为在不同语言中存在不同的联想机制，把哪些意义归在一起组成一个多义词的方式并不相同。但是译者在将梵语的多义词翻译为相应汉语时，可能会误将梵语中某些义位移植到汉语词语上，从而使得这个汉语词语增加了新的义位。因此，从汉语自身发展的角度来看，如果这个新增的义位与汉语原来的意义之间较难找到引申关系，那么该新义的产生可能就是由梵汉语言接触引发的。

第三，语素组合方面，语言接触通过仿译使得汉语词汇系统中出现了很多新的语素组合关系。仿译作为佛经翻译的另一重要手段，采用汉语的材料，仿照梵文原典中的复合词和派生词形式，对其中语素进行逐一翻译。仿译形成的新兴语素组合关系，其语素材料尽管是汉语本身具有的，但语素组合表达出来的新兴结构关系和语义关系，则可能是由语言间接接触引发产生的。

语言接触对汉译佛经词语不同属性的影响可以用图 4－1 表示。

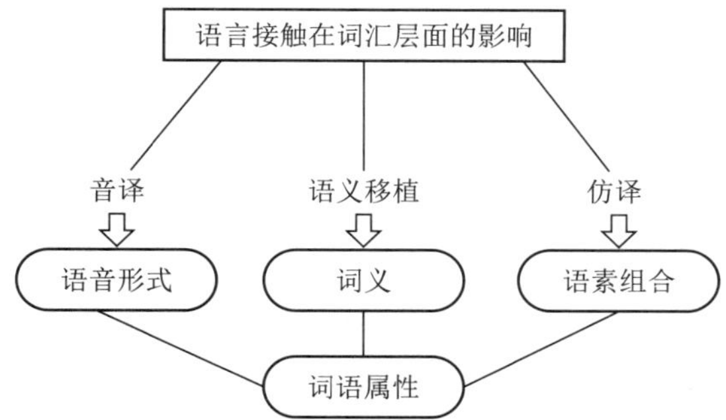

图 4－1　语言接触对汉译佛经词语不同属性的影响

图 4－1 显示，语言接触对汉译佛经词语的影响主要源于翻译过程中词语属性对等的需求。早期佛经译者在将以梵文为主的原典语言翻

译成汉语的过程中，其努力的目标就是在汉语中找到对等项去准确地再现梵语源头语作品，尽量达到与梵文原典形式和内容等各个层面上的对等。音译达到语音形式上的对等，语义移植从某种程度上来说达到了意义上的对等，仿译则是达到语素组合上的对等。正是在实现这些不同层面对等的过程中，触发了汉译佛经词语在语音形式、词义和语素组合等不同属性上的变异，变异的方式和程度均不相同，既有表层易于感知的影响，也有深层不易察觉的影响。

本章将依据《佛所行赞》梵汉对勘材料，具体分析语言接触对《佛所行赞》词语不同属性的影响。

4.2 语言接触对《佛所行赞》词汇语音形式的影响

来自西域的佛教文化与中土文化发生接触，承载西域文化的大量外来新词相当集中地出现在汉译佛经文献中。对于佛教术语、专有名词等新概念、新事物，佛经译者较多选择了音译的方法，即按照外语词的声音使用汉语中音同或音近的汉字进行对译。梵文原典词语多为多音节形式，因此汉译佛经文献的音译词在语音形式上也以多音节为主。

4.2.1 音译产生的复音新词

《佛所行赞》中的人名、地名等专有名词较多采用纯音译的方法。在这些纯音译词中，只有 11 个双音节形式，其他均为三音节及以上的多音节形式。具体如表 4-1 所示。

表 4-1 《佛所行赞》中的纯音译词

音节数目	音译词	对应的梵文词	《佛所行赞》用例
双音节	车匿	Chandaka	慈目视车匿，犹清凉水洗。
	罣罗	Aḍa	罣罗月光孙，亦由我此箭。
	瞿昙	Gautama	长苦行瞿昙，亦为天后坏。

续 表

音节数目	音译词	对应的梵文词	《佛所行赞》用例
双音节	罗摩	Rāma	今于空野中，弃捐太子归，则同须曼提，弃舍于罗摩。
	魔奴	Manu	魔奴众生主，亦当为子忧。
	农沙	Nahuṣa	农沙修苦行，王三十三天。
	毘求	Bhṛigu	毘求央耆罗，此二仙人族。
	求那	Guṇa	是故有求那，当知非解脱。
	求尼	Guṇin	如是求那前，亦无有求尼。
	舍脂	Śaśī	王如天帝释，夫人犹舍脂。
	孙陶	Sunda	孙陶钵孙陶，阿修轮兄弟，同生相爱念，为欲相残杀。
三音节	阿低离	Ātreya	后生阿低离，善能治百病。
	阿罗蓝	Arāḍa	彼有大牟尼，名曰阿罗蓝。
	阿私陀	Asita	时近处园中，有苦行仙人，名曰阿私陀，善解于相法。
	波尸吒	Vaśiṣṭha	如安低牒王，奉事波尸吒。
	钵孙陶	Upasunda	孙陶钵孙陶，阿修轮兄弟，同生相爱念，为欲相残杀。
	阇延多	Jayanta	王如天帝释，子如阇延多。
	迦毗罗	Kapila	遗失救世主，还归迦毗罗。
	瞿昙弥	Gautamī	瞿昙弥长养，乳哺形枯干。
	罗睺罗	Rāhula	年并渐长大，孕生罗睺罗。
	孙陀利	Sundarī	古昔孙陀利，能坏大仙人。
	头楼摩	Druma	娑楼婆国王，名曰头楼摩。
	毘梨多	Vṛtra	此城失威德，如杀毘梨多。
	儵迦罗	Śukra	毘利诃钵低，及与儵迦罗，能造帝王论，不从先族来。
	须曼提	Sumitra	今于空野中，弃捐太子归，则同须曼提，弃舍于罗摩。
	央耆罗	Aṅgiras	毘求央耆罗，此二仙人族。
	优陀夷	Udāyin	有婆罗门子，名曰优陀夷。

续　表

音节数目	音译词	对应的梵文词	《佛所行赞》用例
四音节	波阇波提	Prajāpati	彼迦毘罗者，今波阇波提。
	富那婆薮	Punarvasu	如富那婆薮，两星侍月傍。
	迦宾阇罗	Kapiñjalāda	婆罗舍仙人，与迦宾阇罗。
	弥伽迦利	Megha-kālī	魔王有姊妹，名弥伽迦利。
	摩醯首罗	Śiva	如摩醯首罗，忽生六面子。
	那罗鸠婆	Nalakūbara	毘沙门天王，生那罗鸠婆。
	悉达罗他	Sarvārthasiddha	以备众德义，名悉达罗他。
	耶输陀罗	Yaśodharā	容姿端正女，名耶输陀罗。 时耶输陀罗，深责车匿言。
五音节	弥郗利檀茶	Mekhala-Daṇḍakas	弥郗利檀茶，如屠家刀机。
	难陀婆罗阇	Nandabalā	难陀婆罗阇，欢喜到其所。
	毘梨诃钵低	Bṛihaspati	若能止住此，奉事如帝释， 亦如天奉事，毘梨诃钵低。
	毘陀波罗沙	Vṛddha Parāśara	毘陀波罗沙，及余求道者， 悉从于此道，而得真解脱。
	舍那鸠摩罗	Sanatkumāra	犹梵天长子，舍那鸠摩罗。

音译词中除了纯音译方式之外，还可以在纯音译的基础上，增加表示义类的汉语语素加以注释。现代汉语外来词中存在很多这样的情况，例如“卡车”(car)、“卡片”(card)、“啤酒”(beer)、“爵士乐”(jazz)、“芭蕾舞”(ballet)、“太妃糖”(toffee)、“沙丁鱼”(sardine)等，都属于这种类型。《佛所行赞》中的音译词中有相当一部分为这种音译加注型，其中表义类别范畴的部分既有单音节语素，也有双音节语素。这些音译词均为三音节及以上的多音节词，具体参考表 4－2。

表 4－2　《佛所行赞》中的音译加注音译词

音节数目	音译词	对应的梵文词	《佛所行赞》用例
三音节	阿阇王	Aja	古昔阿阇王，爱子游山林。
	畀偷王	Pṛithu	优留王股生，畀偷王手生。

续 表

音节数目	音译词	对应的梵文词	《佛所行赞》用例
三音节	伽叉王	Kakṣī	曼陀王顶生,伽叉王腋生。
	伽阇山	Gaya	更求胜妙道,进登伽阇山。
	驹尸仙	Kuśika	二生驹尸仙,不闲外道论。
	曼陀王	Māndhātṛi	曼陀王顶生,伽叉王腋生。
	频陀山	Vindhya	斯处不足留,当至频陀山。
	瓶沙王	Śreṇya	尔时瓶沙王,处于高观上。
	尸毘王	Śibi	割肉以施人,如彼尸毘王。
	释迦王	Śākya	欲观释迦王,建立正法幢。
	阎浮树	Jambu	自荫阎浮树,端坐正思惟。
	优留王	Aurva	优留王股生,畀偷王手生。
	郁陀仙	Udraka	往诣郁陀仙,彼亦计有我。
四音节	安低牒王	Antideva	如安低牒王,奉事波尸吒。
	梵迦夷天	rṣabha	为第六魔王,为梵迦夷天。
	伽提那王	Gādhin	后伽提那王,悉解外道法。
	尼连禅河	Nairañjanā	尼连禅河侧,寂静甚可乐。
	奄婆梨王	Ambarīṣa	昔奄婆梨王,久处苦行林。
	跋伽仙人	Bhārgava	顾见林树间,跋伽仙人处。
	摩耶夫人	Māyā	时摩耶夫人,见其所生子, 端正如天童,众美悉备足。
五音节	迦毘罗卫国	Kapila	王今生太子,迦毘罗卫国, 一切诸人民,欢喜亦如是。
	阿低利仙人	Atri	阿低利仙人,不解医方论。
	阿伽陀仙人	Agastya	阿伽陀仙人,长夜修苦行。
	阇那驹仙人	Janaka	阇那驹仙人,无师得禅道。
	迦毘罗仙人	Kapila	迦毘罗仙人,及弟子眷属, 于此我要义,修学得解脱。
	林祇沙仙人	Gaigīāvya	林祇沙仙人,及与阇那伽。
	毘林摩王子	Bhīṣma	毘林摩王子,二罗弥跋祇。

续　表

音节数目	音译词	对应的梵文词	《佛所行赞》用例
五音节	婆罗舍仙人	Parāśara	婆罗舍仙人，与迦宾阇罗，如是比众多，悉为女人坏。
	萨罗萨仙人	Sārasvata	萨罗萨仙人，经论久断绝。
	曼陀转轮王	Māndhātṛi	曼陀转轮王，王领四天下。
	罣罗转轮王	Aida	罣罗转轮王，游于忉利天。

此外，《佛所行赞》中还有一些半音译半意译的外来词，数量不多。例如：

散曼陀罗花，专心乐供养。（p. 1，b23）

与"曼陀罗花"对应的梵文为复合词 mandāra-puṣpa，"曼陀罗"为复合词前半部分 mandāra 的音译形式，"花"为复合词后半部分 puṣpa 的意译形式，puṣpa 为梵文中性名词，义为"花朵"（flower）。

娑楼婆国王，名曰头楼摩。（p. 18，b26－27）

与"娑楼婆国王"对应的梵文为复合词śālva-adhipati，"娑楼婆"为复合词前半部分śālva 的音译形式，"国王"为复合词后半部分 adhipati 的意译形式，adhipati 为梵文阳性名词，义为"国王"（ruler，king）。

4.2.2　语言接触产生复音词的特点

《佛所行赞》中音译词以纯音译和音译加注两种类型为主，还有少量的半音译半意译型。这些音译词在语音形式和语义上表现出比较鲜明的特点。

第一，从语音形式上来看，无论是纯音译还是音译加注方式产生的音译词，均以三音节及以上的多音节为主，这些多音节词不仅是语言接触典型的产物，更是造成汉译佛经词汇高度复音化的重要原因之一。

上古汉语词汇以单音词为主，到了中古汉语时期，汉语词汇朝着复音词方向发展，但是在这个过程中，双音词始终占据着复音词的主体，这种情况一直延续到现代汉语。本书第三章已经指出，从复音词数量上来看，《佛所行赞》词汇整体上呈现出复音词比例高于同时期中土文献的特点。这种统计方法只计算了单音词和复音词的词形数量，并不考虑单音词和复音词的出现频率，例如某个单音词重复出现了 1000 次，某个复音词仅出现了 1 次，但是它们都只按照 1 个来计算。由于单音词总的词形数量少、使用频率高，因此这种方法在统计篇幅较长的文献时，单音词不大可能随着篇幅有明显的数量增加，而复音词仍然会有一定的数量增长，因此复音词比例自然会受到文献长短的影响。针对这种情况，笔者(2012;2014)提出一种“复音词比重”的新型评估方法，即统计复音词所覆盖的字数占文献总字数的比例。下面我们以《论语·学而》:“学而时习之，不亦说乎？有朋自远方来，不亦乐乎？人不知而不愠，不亦君子乎？”为例，将它们进行词语切分之后，结果如例(1)所示：

（1）学/而/时/习/之/不/亦/说/乎/有/朋/自/远方/来/不/亦/乐/乎/人/不/知/而/不/愠/不/亦/君子/乎/

例(1)中单音词有 17 个，双音词 2 个，按照传统方法计算复音词所占比例的话，应为 2/19，即复音词占比为 10.5%。如果例(1)后面继续出现相同的复音词或者单音词，就变成例(2)：

（2）学/而/时/习/之/不/亦/说/乎/有/朋/自/远方/来/不/亦/乐/乎/人/不/知/而/不/愠/不/亦/君子/乎/君子/有/

由于“君子”和“有”两个词在例(1)中都曾经出现过，而以往的统计方法只考虑单音词和复音词的个数，因此依照传统的计算方法，例(2)复音词占比仍为 2/19，即 10.5%，这个结果与例(1)完全相同，可见，传统的统计方法是不考虑复音词和单音词出现频率的。

下面我们采用新的统计方法重新进行计算。例(1)中共 30 个字，即 30 个音节，复音词计 4 个字，即 4 个音节，因此复音词比重为 4/30，即 13.3%。例(2)中共 33 个字，计 33 个音节，复音词为 6 个字，计为 6 个音节，因此复音词比重为 6/33，即 18.2%。例(1)和例(2)的统计结果不同，就是因为新的统计方法考虑了单音词和复音词重复出现的频率，反映了统计范围内全部字(音节)中复音词所占据的字(音节)数。新的复音词比重指标与行文过程中单音词、双音词和三音节以上复音词的使用习惯有关。

汉译佛经文献包含了大量的多音节音译词，为了更客观地呈现这些多音节音译词对汉译佛经词汇复音化的影响，本节采用新型统计方法，对标记语料库中的复音词比重、双音词比重和多音节词比重分别进行统计。三者的区别在于，前者是计算所有复音词(包括双音词、三音节及以上)字数覆盖文献总字数的比例，后面两个则是分别计算双音词总字数和三音节及以上多音节词总字数占文献总字数的比例。中古时期一些典型中土文献的复音词、双音词和多音节词比重统计结果如表 4-3 所示。

表 4-3　中古中土文献复音词、双音词和多音节词比重统计情况

书名	总字数(个)	复音词比重(%)	双音词比重(%)	多音节词比重(%)
《世说新语》	68129	32.95	26.48	6.47
《齐民要术》	107573	22.57	18.60	3.97
《抱朴子内篇》	74720	25.55	20.92	4.63
《颜氏家训》	34530	34.79	30.42	4.37
《洛阳伽蓝记》	29783	39.45	28.81	10.64

由表 4-3 的统计结果可以看出：

首先，在五部中土文献中，《齐民要术》总字数最多，为 10 万余字，但是其复音词比重最低，仅为 22.57%。《洛阳伽蓝记》总字数不到 3 万字，字数最少，但其复音词比重最高，为 39.45%。《世说新语》总字数是 6.8 余万字，为《洛阳伽蓝记》总字数的 2.3 倍，但其复音词比重也低于《洛阳伽蓝记》。本书第三章 3.1 中按照传统的复音词数量占比统计方法，《齐民要术》和《世说新语》复音词数量占比分别为 64.41% 和 63.79%，均要高于《洛阳伽蓝记》的 59.43%(具体可以参看表 3-1)，这样的统计结果实际与文献篇幅长短有关。由此，笔者认为新型统计方法可以在不受篇幅长短影响的情况下，从词频角度相对客观地呈现文献的复音化程度。

其次，在五部中土文献中，尽管《洛阳伽蓝记》复音词比重最高，但其双音词比重并不是最高的，仅为 28.81%，甚至低于《颜氏家训》双音词比重的 30.42%。在多音节词所占比重上，《洛阳伽蓝记》高达 10.64%，在五部文献中最高。可见，《洛阳伽蓝记》总体复音词比重高的原因在于多音节词，换言之即多音节词是造成《洛阳伽蓝记》复音化程度高的重要原因之一。这与《洛阳伽蓝记》的性质有关，虽然它不是佛经翻译作品，但是作为佛教史著作，必然涉及很多与佛教相关的概念、术语等，这些概念术语不少是多音节音译词。

笔者进一步对标记语料库中的部分汉译佛经文献的复音词、双音词和多音节词比重进行了统计，其具体统计结果如表 4-4 所示。

表 4-4 部分汉译佛经复音词、双音词和多音节词比重统计情况

译者	译经	总字数(个)	复音词比重(%)	双音词比重(%)	多音节词比重(%)
竺法护	《光赞经》	99269	52.38	28.83	23.55
鸠摩罗什	《妙法莲华经》	70987	48.04	34.65	13.39
昙无谶	《悲华经》	88610	53.92	33.24	20.68

我们选取了三部比较具有代表性的汉译佛经文献，分别为竺法护译《光赞经》、鸠摩罗什译《妙法莲华经》和昙无谶译《悲华经》。将表

4－3 与 4－4 进行对比，可以发现无论是复音词比重，还是多音节词比重，汉译佛经文献都要明显高于中土文献。以《光赞经》为例，其字数为 99269，与《齐民要术》总字数相当，但是复音词比重为 52.38％，是《齐民要术》复音词比重的 2.3 倍左右。《光赞经》中多音节词比重为 23.55％，是《齐民要术》多音词比重的 5.9 倍。从双音词比重上来看，汉译佛经文献整体上略高于中土文献，但是差别不大，有的甚至低于中土文献，例如《光赞经》的复音词比重为 52.38％，要高于《颜氏家训》复音词比重的 34.79％，但是《光赞经》的双音词比重仅有 28.83％，低于《颜氏家训》的双音词比重 30.42％。由此我们可以认为，多音节词是造成汉译佛经词汇高度复音化的重要因素之一。

第二，音译词作为新的音义形式的结合，语义上不易理解，因此活跃程度相对较差。音译词是仿照源头语的读音按照目的语的发音习惯来表达，仅保持与源头语语音上的对应关系。音译的优点在于翻译便捷迅速，但其缺点是将汉语中原本没有关系的语音和意义生硬地组织结合在一起，形成新的音义结合体，这就极易造成理解上的困难。具体来说，音译词作为多音节的单纯词，其中每个音节或者每个注音用字都只是作为记音符号去记录外语的读音，本身并不表义。不了解源头语的人，很难从音译词的字面意义去推断出整个词的意义。因此有时出于表义的需要，一些音译词会在纯音译的基础上再加上表示类别范畴或基本特征的注释，从而形成音译加注类型。尽管如此，与其他翻译方式产生的词语相比，这些音译词流行程度十分有限，生命力也相对较差。词汇的生命力是指词在某一语言体系形成之后在语言空间范畴以及时间流变内的活跃程度(刘长征，2012：72)。词汇系统处于不停运转的状态，不同翻译方式产生的词语历经借入、使用、竞争等过程之后，它们在词汇系统中的活跃程度有强有弱，有些经过长期高频的使用，最终与汉语词汇体系融合，成为汉语词汇系统中的一员；有些则会在长时间的演化过程中不断弱化，最后在汉语词汇体系中消亡。音译词受限于当时来汉地的外语人群数量和社会影响，加上大多数汉人对外语的了解也很少，难以满足交际的需求，因此活跃程度不强。

综上，汉译佛经文献中大量的音译词，是在翻译中为了达到词汇语音层面的对等造成的。这些音译词不仅给汉译佛经带来了浓厚的异域色彩，也是造成汉译佛经词汇高度复音化的重要因素之一。同时，这些复音词作为新的音义形式的结合体，流行程度和生命力大都十分有限。

4.3 语言接触对《佛所行赞》词义的影响

4.3.1 语义移植产生的新义

词义是词语的核心内容，指的是对象、现象或者关系在人意识中的反映。人们对客观世界认知的过程不是机械、照相机式的反映，而是能动地认识世界，因此不同语言对相同客观事物的认知会存在一定的差异，从而造成不同语言中不同的义位结合关系，形成不同的词义引申，这就是蒋绍愚(1990、2014)提到的第二次分类。同一个词的几个义位之间的意义总是有联系，从语言发展来看，一个词的意义由少变多，由本义产生出若干个引申义，形成一个词包含若干义位，这就是一种联想的过程。但是不同语言由于联想过程不同，把哪些意义归在一起组成一个词，把另一些意义另归在一起组成另一个词可以是不一样的。

语言接触过程中，存在一种比较特殊的词义引申现象。就梵汉语言接触而言，朱冠明(2005)将这种特殊现象命名为“语义移植”(semantic/functional transferring)，指的是译师在把佛经原典语梵文翻译成汉语的过程中存在的以下现象：假定某个梵文词 S 有两个义项 S_a、S_b，汉语词 C 有义项 C_a，且 $S_a = C_a$，那么译师在翻译中由于类推心理机制的作用，可能会把 S_b 强加给汉语词 C，导致 C 产生一个新的义项 C_b。C_b 与 C_a 之间不一定有引申关系，且 C_b 在译经中有较多的用例，成为 C 的一个固定义项，这个新义产生的过程就是语义移植。这种现象发生的心理机制是类推，而且是一种“错误的类推”，即两个词在某一义位相同，便被误认为在所有义位上均相同，这便导致了语言使用者凭空为词语强加上新的义项或用法。本章将梵汉语言移植用图4-2的形式来表示。

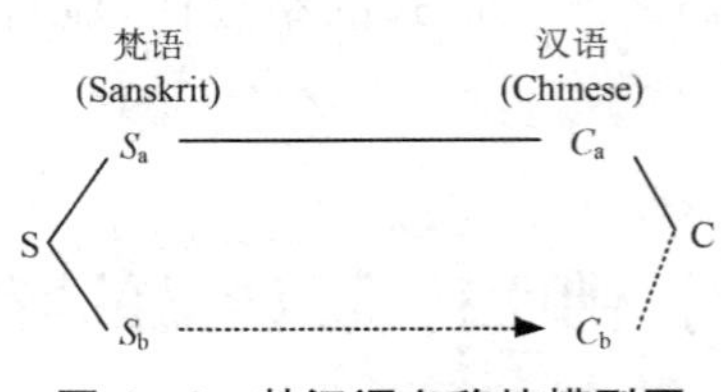

图4-2　梵汉语义移植模型图

语义移植是汉译佛经语言中一种较为特殊的新义产生方式。朱庆之(2000)注意到了佛经词汇中“瘦”有“病”义的现象，并分析了其中的原因。他指出汉语中“瘦”本来并没有“病”义，但在译经过程中却作为“病”的同义词而出现在“病瘦”这个汉语原本没有的组合中，其深层原因在于，梵文词 kṛsa 有两个义项：① 肌肉不丰满或细小。② 虚弱的、病弱的。译师因为义项①与汉语“瘦”相合，便认为汉语“瘦”也有义项②，所以在使用中将“瘦”用作“病”的同义词。遇笑容(2003)讨论了译经中“云何”的特殊用法。“云何”本来是古汉语中一个较为常用的疑问词，但译经中常见有不表疑问的用法，如支娄迦谶译《道行般若经》：“云何须菩提！其福宁多不?”“云何”这种不表疑问的用法是译师用“云何”来对译梵文中常用的疑问词 kim，但 kim 本身有不表疑问的用法，于是译师把这一用法强加给了“云何”。徐朝红、吴福祥(2015)指出“亦”在先秦和西汉本是典型的类同副词，但是在中古汉译佛经中“亦”具有并列连词的用法。这种特殊用法是梵语虚词 ca“类同副词—并列连词”多功能模式触发的产物，即东汉译经中“亦”并列连词的产生是汉语跟佛经原典之间的语言接触引发的语义演变。

《佛所行赞》词汇中也存在一些通过语义移植方式产生的新义，列举如下：

边

此灭则彼灭，无生老病死，无地水火风，亦无初中边。(p. 30，a25－26)

按："边"就是"后"的意思，与"边"对应的梵文是 anta，梵文 anta 有两个意思：第一为"边界"(limit，boundary)，译师通常会翻译为"边"或者"边际"。第二个意思是"终""后"(end，end of life)。《佛所行赞》此句中的"初中边"，"边"与"初""中"相对，实际上指的就是"后"。佛经文献中"初中后"十分常见，姚秦鸠摩罗什译《大庄严论经》卷五："如似大海水，初中及边际，等同于一味，佛法亦如是，初中后皆善，听之悉清净。"(T04，no. 201，p. 286，c21－23)该句中的"后"与前面的"边"相呼应，可见"边"就是"后"的意思。"边"之所以有"后"的意思，就是语义移植的结果。因为梵文 anta 有两个意思，译者翻译过程中将 anta 中"后"这一意思加在了汉语"边"这个词上(见图 4－3)。

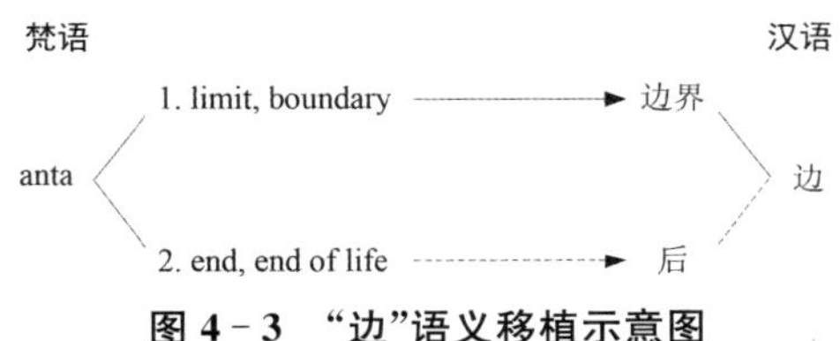

图 4－3 "边"语义移植示意图

软

斯由贪欲生，软中上差降。(p. 30，a21)

不见软中上，我慢心自忘。(p. 34，a27)

按：该句中"软"义为"下等"。"软中上"在佛经文献中十分常见，如西晋竺法护译《大宝积经》卷十五："此菩萨乃至解于六地，此菩萨以软中上心，除害过罪。"(T11，no. 310，p. 85，a20－21)东晋佛驮跋陀罗译《大方广佛华严经》卷二十六:"乃至如实知八万四千诸欲差别相,是菩萨知诸性软中上差别相。"(T09, no. 278, p. 568, b9 - 11)"软中上"中的"软"与"中"和"上"相对,"软中上"分别表示品质的下等、中等和上等。"下中上"在佛经文献中也十分常见,如姚秦鸠摩罗什译《摩诃般若波罗蜜经》卷十七:"菩萨摩诃萨行六波罗蜜时,见众生有下中上、下中上家。"(T08, no. 223, p. 348, b19 - 20)元魏昙摩流支译《信力入印法门经》卷四:"譬如世间一切众生,依下中上诸果报故,则下中上有为诸行,皆悉成就。"(T10, no. 305, p. 952, b28 - c1)可见,"软中上"犹言"下中上","软"犹言"下"。与"软"相应的梵文词是 mṛdu,它有两个意思:一是"柔软"(soft, delicate, tender)的意思,二是"虚弱""低下"(weak, feeble)。因此,"软"在佛经文献中具有"下劣""下等"之义,是语义移植造成的(见图 4 - 4)。

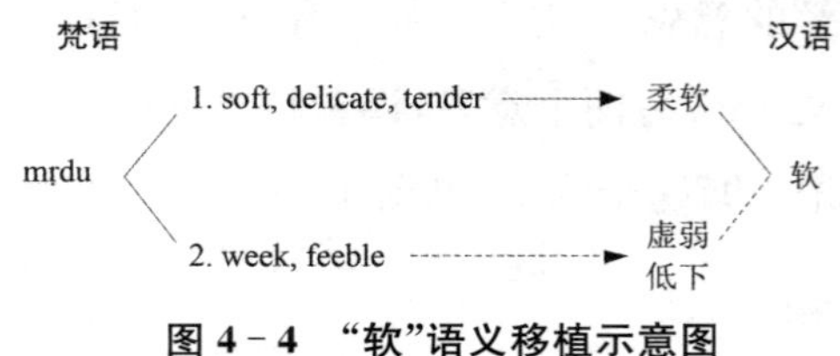

图 4 - 4 "软"语义移植示意图

宫/宫殿

无量诸天人,乘宫殿随送,阎浮提君民,合掌而仰瞻。(p. 40, a1)

时有一天子,乘千白鹄宫,于上虚空中,观佛般涅槃。(p. 50, a21 - 22)

按:"宫"和"宫殿",此处都是指"天车"。对于这个问题,朱庆之(1995)已有讨论。与"宫"/"宫殿"对应的梵文为 vimāna 一词,该词有两个意思:一为"仙人所乘坐的车"(car of god),即"天车";二为"宫殿"(the palace of an emperor)。佛经翻译过程中,译师把"天车"一义加在了汉语的“宫殿”一词上。因此佛经文献中的“宫”“宫殿”有“天车”的意思(见图 4-5)。

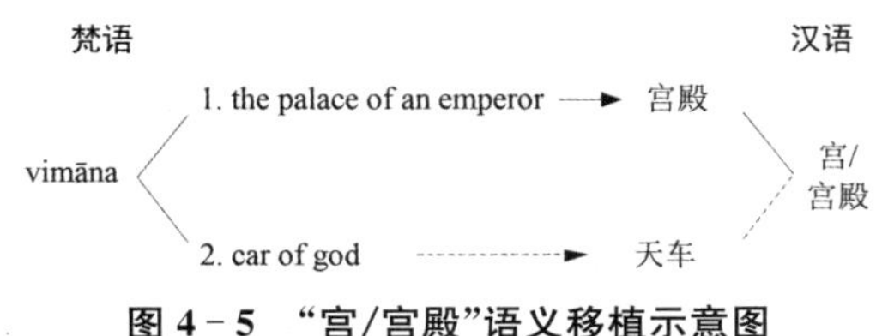

图 4-5 “宫/宫殿”语义移植示意图

月光

> 事火奉诸神,叉手饮月光,恒水沐浴身,法水澡其心,祈福非存己,唯子及万民。(p. 4, c17-20)

按:该句中的“月光”实际上指“苏摩酒”。根据梵汉对勘材料,与“月光”相对应的梵文词是 soma,它有两个意思:一是“汁液”(juice),主要用来祭祀,即通常所说的苏摩酒;二是“月亮”“月神”(the moon or moon god)。汉语词“月光”本来是用于对译 soma 这一梵文词的“月亮”之义。然而,译者将 soma 的另一个意义即“汁液”也加在了“月光”一词上,这样就使“月光”产生了一个表达“苏摩酒”的新义(见图 4-6)。

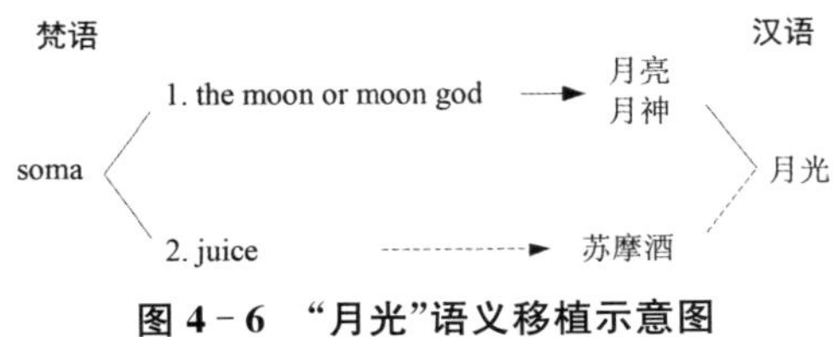

图 4-6 “月光”语义移植示意图

4.3.2 语言接触产生新义的特点

语义移植是语言接触过程中产生的一种特殊词义引申方式。通过对《佛所行赞》例证的分析,笔者认为语义移植发生的条件、过程和结果具有以下三个特点。

第一，语义移植引发的词义引申是一种跨语言的现象，因此必须在对两种语言进行对比考察后才能发现。蒋绍愚(1989a;2015)讨论词义演变途径时，提到义位间聚合或组合关系的影响中就存在着同步引申和相因生义两种现象。同步引申指的是一组同义词、近义词或反义词，在词义引申的过程中，会有一种同步发展的现象。相因生义指的是甲词有 a、b 两个义位，乙词原来只有一个乙 a 义位，但是因为乙 a 和甲 a 同义或者反义，乙词逐渐地也产生一个和甲 b 同义或者反义的乙 b 义位。同步引申与相因生义不同的地方，就是要看乙词的 b 义位，如果是从乙词的 a 义位引申而来，那就是“同步引申”；如果乙词的 b 义位无法从乙词的 a 义位引申而来，就是“相因生义”。语义移植与相因生义相似，不同之处就在于前者发生在不同语言之间，后者则是发生在同一种语言内部。因此，语义移植需要跨语言对比考察。

第二，语义移植引发的词义演变有两种情况，一种为罕见的、异常的或不自然的演变，一种为常见的、正常的或自然的演变。

“以往在研究汉语演变时有一种比较流行的看法：一种语法现象的出现或产生，只有在缺少清楚的演变线索并且从汉语内部无法解释时，我们才可以诉求于语言接触等外部因素的解释；反之，如果有比较清晰的演变线索，并且从汉语内部能得到合理解释，那么这种语法现象就应该是汉语独立演变的结果。这种看法设定了一个未经论证的前提，即接触引发的语法演变一定是罕见的、异常的或不自然的演变。其实不然，跨语言的研究表明，语言独立发生的演变也有可能是罕见的、异常的或不自然的演变，另一方面，语言接触引发的语法演变也有可能是常见的、正常的或自然的演变。其实，语言接触引发的演变跟语言独立发生的演变之间唯一的差别是前者有语言接触的动因而后者没有。”(徐朝红、吴福祥，2015:48)以上结论可以进一步泛化，不仅是语法演变，在语言接触引发的语义演变中也存在这两种情况。

不同的语言中都存在词义引申的现象，但是由于语言类型和文化的差异，它们的引申方式、联想机制也各不相同，如果不借助梵汉对勘材料，较难发现其中由语义移植造成的语义联系，这种现象就属于语言接触过程中异常的不自然演变。以“宫殿”为例，与其对应的梵文为vimāna一词，本义指“天神之车”，由于它经常被描述为与房子或者宫殿相类似的东西，因而引申产生了一个新的意思“宫殿”。可是由于中国文化和印度文化的差异，仅从汉语自身发展角度很难解释“宫殿”与“天车”之间的引申关系。再以“月光”为例，其对应的梵文是soma一词，该梵文词语的本义是表示用来祭祀的汁液，印度文化中主要用于祭祀月亮或者月神，由此引申产生了“月亮”或者“月神”的意思。可是在汉语词汇系统中，很难看出“月亮”和“苏摩酒”之间存在引申关系。这些例子表明，汉译佛经文献中“宫殿”和“月光”的新义，并不是由汉语自身的词义引申规律造成的，而是受到印度文化和梵文原典的影响在翻译过程中产生的，属于罕见的、异常的或不自然的演变。

不同语言对于相同的客观事物的认知方式或多或少还会存在某种相似性，这为不同语言引申方式存在共性提供了理据和可能性。梵语和汉语在某些词的词义引申上具有一定的共性，这种由语言接触引发的词义演变就属于常见的、正常的或自然的演变。“软”一词的引申情况就是如此，其本义为柔软，与“硬”相对，在汉译佛经文献中，翻译使得该词在本义基础上引申产生“下等”“次等”的意思。但实际上，在汉语本土文献中，“软”的词义发展过程中也确实产生了“下等”“次等”的意思，只是时间比较晚：《大字典》和《大词典》等工具书中引用的最早用例都是老舍《四世同堂》六三：“压轴是招弟的《红鸾禧》，大轴是名角会串《大溪皇庄》。只有《红鸾禧》软一点。”再以“边”为例，该词在汉语中的本义为边缘，是空间上的范畴，由此朝着时间范畴引申，表示时间上的边缘、尽头，这符合认知语言学上一般的语义演变方向。“边”在汉语本土文献中也确有表示时间尽头义的用例，例如《公羊传·僖公十六年》“是月者何？仅逮是月也”汉何休注：“是月边也，鲁人语也，在正月之几尽。”但是相关用例不多。

第三，语义移植现象并不只是发生在梵汉语言接触过程中，而是语

言接触过程中一种比较普遍的现象。蒋绍愚(2015:209)举过现代汉语中的两个例子,“蒸发”和“菜单”均有两个意思:

蒸发:① 液体表面缓慢地转化成气体。② 比喻很快或突然地消失。如人间蒸发。

菜单:① 开列各种菜肴名称的单子。② 选单的俗称。

这两个词的第二个意思都是新产生的,在很大程度上就是受到了英语的影响。英语中相应两个词 evaporate 和 menu 也都有两个意思,分别为:

evaporate:① turn from solid or liquid into vapour. ② disappear.

menu:① a list of dish. ② a list displayed on screen.

因为“蒸发”和英语“evaporate”、“菜单”和英语“menu”的第一意思相同,因此就把“evaporate”和“menu”的第二个意思加到“蒸发”和“菜单”上,这和“移植”的心理机制是相同的。由此可见,语义移植作为产生新义的一种特殊方式,普遍发生在语言接触过程中。汉语不同历史阶段都曾经发生过语言接触,接触过程中究竟有多少是由语言接触引发的语义演变现象,这有待于未来展开更为系统的调查,进行更为细致的描写。也正是由于语义移植不仅仅只是发生在梵汉语言接触中,因此可以将朱冠明(2015)的语义移植重新界定推广并示意为图 4-7,即将原梵语推广到一般的源头语言,将汉语推广到一般的目的语言。

图 4-7 语义移植模型图

综上，梵文的引申义被对等地翻译到汉语中，就可能为汉语词语增加一个新的义位，这是一种在词义层面上的翻译对等。毫无疑问，这种新义的产生与梵汉语言接触有一定的关系。

4.4 语言接触对《佛所行赞》语素组合的影响

4.4.1 仿译产生的新兴复合词

与音译一样，意译也是一种重要的翻译手段。意译是抛弃外语词原有的语音形式，使用汉语的构词材料，根据汉语的构词方式创造新词。意译词在形式上与本土词语区别较小，易于被接受并进入汉语自身词汇系统之中。因此，与音译相比，意译是一种更为理想的手段。但是意译也会受到限制，尤其是受限于本土人士的外语能力和对外国文化的了解程度。因为在当时，即使对佛经了解较多的人士也很少了解佛经所涉及的外国语言文化，因此，要把一个文化背景完全不同的概念用本土语言表达出来难度很大(俞理明、顾满林，2013:3)。

意译中有一种比较特殊的方式——仿译，从某种程度上来说解决了这一困难。仿译是一种保留源头语内部形式不变，采用目的语的材料逐词或逐词素地意译源头语词语的各单个组成部分的翻译方法，例如现代汉语中的“篮球”(basket-ball)、“蜜月”(honeymoon)、“蓝牙”(bluetooth)、“超市”(supermarket)、“软件”(soft-ware)、“热狗”(hot-dog)、“黑板”(black-board)、“二手”(second-hand)等，都是通过仿译方式产生的。佛经汉译过程中，出于宗教情绪的影响和宗教传播的需要，译者希望尽量地尊重原文，真实地重现佛经原典的词义、结构和文化内涵，仿译较好地满足了这些要求。

《佛所行赞》的梵文原典中存在大量的复合词和派生词。将梵文复合词通过仿译的手段，翻译成相应的汉语复合词，是一种比较自然而且有效的方法，因为译者只需使用汉语中已有的语言材料，逐一对译梵语复合词中的每个构成成分即可。采用这样的翻译方法，梵文复合词和汉语复合词在内容和形式上都可以保持较好的一致性。对于梵文中的派生词，将梵文词语中的词缀语素对等地翻译为汉语词缀是比较困难的。这是因为派生法一直不是汉语强势的构词模式，而且汉语中地道纯粹的词缀语素数量也很少，因此译者大多只能将梵文派生词中的词缀对应地翻译为汉语的词根语素，达到一种近似的对等。无论以上哪一种情况，仿译都使得汉语复合词中出现一些新兴的语素组合关系。

《佛所行赞》中仿译产生的例子分析如下。

产时

尔时摩耶后，自知产时至，偃寝安胜床，百千婇女侍。(p. 1, a21－22)

按："产时"义为"女人生产、生孩子、分娩的时辰"。与"产时"对应的梵文为复合词 prasūti-kāla。复合词的前半部分 prasūti 是阴性名词，义为"生育""生产"(generation，bringing forth children or young)，复合词的后半部分 kāla 为阳性名词，义为"时间""时刻"(time)。整个复合词 prasūti-kāla 表示"生孩子的时辰"。译者仿照梵文复合词的每一个部分，将其翻译为"产时"。在中古一些佛经文献和中土文献中还有"生时"一词，"生"和"产"意思相同相近，可以互训，《说文·生部》："产，生也。"因此"生"和"产"可以构成同义连文的并列复合词"生产"。但是佛经文献和中土文献中的"生时"与《佛所行赞》中"产时"所表达的意思并不完全相同。佛经文献中的"生时"有两个意思，第一个意思是孩子出生的时候，如西晋竺法护译《普曜经》卷二："菩萨生时其母安隐，无有疮瘢亦无痛痒，平复如故。"(T03, no. 186, p. 494, b18－19)第二个意思是活着的时候，如元魏慧觉等译《贤愚经》卷三："时长者子，得病不救，奄忽寿终。时彼国法若其生时，有所爱重。"(T04, no. 202, p. 368, a3－4)这与中土文献中的"生时"所表达的意思相同，如《太平经·六极六竟孝顺忠诀》中有："是故生时不善之人，魂魄俱行对，善人魂魄不肯为其使也。"《大词典》未收"产时"，但是收有"生时"，其首见书证为："宋秦观《望海潮》词之四："但恐生时注著，合有分于飞。"时代晚。

刀机

弥郗利檀茶，如屠家刀机。(p. 21, b1)

按："刀机"即"切肉用的刀和案板"。与其对应的梵文是 āsika-āṣṭha 这一复合词，复合词的前半部分 āsika 义为"刀子"(knife)，后半部分āṣṭha 义为"厚木板"(wooden planks)，译者将该复合词对译为"刀机"。"刀机"在《大词典》又作"刀几"，首见书证为唐罗隐《谗书·题神羊图》："尧之庭有神羊以触不正者……是以尧之羊亦犹今之羊也，贪狠摇其至性，刀几制其初心，故不能触阿谀矣。"时代晚。唐宋时期中土文献中开始多见，如唐白居易《放鱼》："岂唯刀机忧，坐见蝼蚁图。"宋王安石《外厨遗火》诗之一："灶鬼何为便赫然，似嫌刀机苦无膻。"

灯明

自身光照耀，如日夺灯明，菩萨真金身，普照亦如是。(p. 1, b7－9)

按："灯明"即"灯光"。与其相对应的梵文复合词为 dīpa-prabhā，该复合词的前半部分 dīpa 为阳性名词，义为"灯"(lamp，light)，后半部分 prabhā 为阴性名词，义为"光线"(splendor，radiance)，整个复合词指"灯的亮光"。译者对应复合词形式，将每一个部分逐一翻译出来为"灯明"。"灯明"这个词在《大词典》中未收。近现代汉语中与"灯明"语义相同的"灯光"最早书证见于唐杜甫《送严侍郎到绵州同登杜使君江楼宴》诗："灯光散远近，月彩静高深。"汪维辉(2014)指出"明"和"光"存在历时替换关系，因此我们推断"灯明"当是近现代汉语"灯光"的早期形式。

净饭

甘蔗之苗裔,释迦无胜王,净财德纯备,故名曰净饭。(p. 1, a9 - 10)

按:“净饭”为佛陀生父的名字。与“净饭”对应的梵文为Śuddha-odana,前半部分Śuddha 为形容词,义为“干净的”“纯洁的”(pure),后半部分 odana 为名词,意思是“粥”“饭”(porridge, boiled rice)。译者将整个梵文复合词翻译为“净饭”。

净居

净居诸天众,见魔乱菩萨,离欲无瞋心,哀愍而伤彼。(p. 26, a8 - 9)

按:与“净居”对应的梵文为 śuddha-adhivāsa 这一复合词,前半部分 śuddha为形容词,义为“洁净”“纯净”(clean, pure),复合词的后半部分 adhivāsa 为名词,义为“居所”“住处”(habitation, abode),译者仿照复合词的形式,将这个复合词翻译为“净居”。

净水

净水清凉井,前后自然生。(p. 1, c6)

按:与“净水”对应的是 sita-ambu 这一梵文复合词,该词前半部分 sita 为形容词,义为“纯净”(pure),复合词后半部分 ambu 为中性名词,义为“水”(water)。译者仿照梵文复合词 sita-ambu 的形式,将其翻译为“净水”。

法王

法王出世间,能解众生缚。(p. 3, b15 - 16)

按:与"法王"对应的梵文为 dharma-rāja,前半部分 dharma 为阳性名词,译者翻译为"法",后半部分为阳性名词 rāja,义为"国王"。译者将整个复合词翻译为"法王"。

法怨

法怨魔天王,独忧而不悦。(p. 25, a19)

按:"法怨"义为"佛法的怨敌"。与"法怨"对应的梵文复合词是 saddharma-ripu。该复合词的前半部分 saddharma 为阳性名词,义为"法",后半部分 ripu 为阳性名词,义为"敌人""怨敌"(enemy,foe)。整个复合词义为"法之怨敌"。译者对应复合词中的每个部分,将其翻译为"法怨"。

法雨

兴发大悲云,法雨雨令灭。(p. 3, b10 – 11)

按:与"法雨"对应的梵文为复合词 dharma – vṛṣṭi,前半部分 dharma 为阳性名词,表示"法",后半部分 vṛṣṭi 为阴性名词,义为"雨水"(rain),译者翻译为"法雨",以雨来比喻佛之教法。佛法滋润众生,令由迷妄而至证悟,犹如雨之普泽草木,使其生长,而至开花结果,故以雨譬喻之。

恒水

恒水沐浴身,法水澡其心,祈福非存己,唯子及万民。(p. 4, c18 – 20)

按:"恒水"一词在中土文献中未见。梵文《佛所行赞》中与该词对应的梵文复合词为 tīrtha-ambu,前半部分 tīrtha 为中性名词,在这里表神圣河流岸边朝圣的地方(place of pilgrimage on the banks of sacred streams)，在印度文化中指的就是恒河，因此译者将之翻译为“恒”。ambu 为中性名词，义为“水”(water)，因此复合词 tīrtha-ambu 被翻译为双音形式的“恒水”。

苦海

众生没苦海，令得解脱故。(p. 1，b26－27)

按：与“苦海”对应的梵文为 duḥkha-arṇava，梵文的前半部分 duḥkha 为中性名词，义为“痛苦”(pain，sorrow)，后半部分 arṇava 为中性名词，义为“大海”(sea，ocean)。译者将其翻译为“苦海”，泛指各种苦难世界，这是一种比喻的说法，即“苦无际限，譬之以海也”。

妙果

恶道苦长息，妙果现于今。(p. 12，a14－16)

按：与“妙果”对应的梵文为 sa-phala，该词是一个派生词，其中 sa 为前缀，有“善的”“好的”(good)意思，phala 为中性名词，义为“果”(fruit)，译者将这个派生词翻译为“妙果”。

妙网

妙网柔软足，清净莲花色，土石刺棘林，云何而可蹈？(p. 15，a5－6)

按：与“妙网”对应的梵文为复合词 sujāta-jāla，该复合词的前半部分 sujāta 为形容词，义为“质地很好的”“精美的”(fine，excellent)，后半部分 jāla 为中性名词，义为“网”，译者将其直译为“妙网”。

二生

二生驹尸仙，不闲外道论。(p. 2，b15－16)

按："二生"指印度社会中的再生族。古印度有再生族和一生族的说法，婆罗门、刹帝利、吠舍这三个阶级是再生族，首陀罗是一生族。根据婆罗门教义，只有婆罗门、刹帝利、吠舍这三个阶级有资格接受洗礼，学习婆罗门教典吠陀文献，有权拜神，因为有这个权力，所以婆罗门教可以给这三个阶级以第二次生命，这个就叫作再生族。与"二生"对应的梵文为 dvi-jatva 一词，该梵文词的前半部分 dvi 为数词"二"，后半部分 jatva 意思是"出生的"(born)，译者将其翻译为"二生"。该词形"二生"在上古汉语中指小羊和雁两种用于祭祀的动物，例如《书・舜典》："修五礼，五玉、三帛、二生、一死，贽。"孔传："二生：卿执羔，大夫执雁。"与该句中的"二生"只是同形词的关系。

生法

性转变知因，说言解脱者，我观是生法，亦为种子法。(p. 23，c25－26)

按："生法"指"起源之法""生长之法"。与其对应的梵文为 prasava-dharma 一词，该复合词的前半部分 prasava 为阳性名词，义为"产生""生长""起源"(birth，origin)，后半部分 dharma 为阳性名词，义为"法"，整个复合词 prasava-dharma 表示"起源之法"。译者仿照梵文复合词的形式，将其每个成分逐一翻译出来为"生法"。中土文献中也有"生法"一词，最早见于《管子・任法》："有生法，有守法，有法于法。"但是中土文献中的"生法"是动宾结构，意思是"制定法令"，与《佛所行赞》中通过仿译方式产生的偏正结构"生法"不同。

十车

失子心躁乱，如昔十车王。(p. 16，a27)

按："十车"为国王名字。据《罗摩衍那》的记载，古印度有两个国家，东边的 Kosala 与西边的 Videha，其中 Kosala 国王的名字就叫作"十车"。与"十车"对应的梵文为 Daśa-ratha，复合词的前半部分 daśa 为数词，表示"十"的意思，后半部分 ratha 为阳性名词，表示"车子"的意思。译者将整个梵文复合词翻译为"十车"。

宿王

臣民悉扈从，如星随宿王。(p. 5，c2)

按："宿王"指的是月亮，与之对应的梵文词为 uḍu-rāja。在该复合词中，前半部分 uḍu 义为"星宿"(star)，是一个中性名词，后半部分 rāja 义为"国王"(king)，是一个阳性名词。该复合词从字面上表示"星星的国王"。《佛所行赞》中有"众宝金为最，众流海为最，诸宿月为最，诸明日为最"(p. 2，a19－20)的说法，可见印度文化认为月亮乃"星宿之最"，即"星宿之王"。译者没有将其直接意译为"月"，而是相对严格地仿照梵文原典复合词的形式翻译为"宿王"。在《妙法莲华经》卷六《药王菩萨本事品》中也有类似用例："尔时宿王华菩萨白佛言：'世尊！药王菩萨云何游于娑婆世界？世尊！是药王菩萨有若干百千万亿那由他难行苦行？善哉，世尊！愿少解说。'"(T09，no. 262，p. 53，a5－8)其中与"宿王"对应的梵文词为 nakṣatra-rāja，该复合词前半部分 nakṣatra 为中性名词，它的意义与 uḍu 相同，也是指"星星""星宿"。在这个例子中，译者也是采用仿译的方式将其翻译为"宿王"。

怨党

如人杀怨主，怨党悉摧碎。(p. 26，c16)

按:“怨党”义为“敌军”。与其对应的梵文复合词为 dviṣa-camū,该复合词的前半部分 dviṣa 为形容词,义为“怨恨的”“有敌意的”(hostile),后半部分 camū 为阴性名词,义为“因为某种原因组织起来的大批人员”(a large group of people organized for a specific cause)。整个复合词表示“带有敌意的一群人”“敌军”。译者仿照复合词的形式翻译为“怨党”。

4.4.2 语言接触产生新兴复合词的特点

仿译利用本族语的词或者语素来表达外语的意义,它们为汉译佛经文献增加了新的语素组合关系,产生了很多新兴复合词。这些复合词与中土文献复合词相比具有以下三方面的特点。

第一,仿译词的构词语素都是汉语本身固有的,但是由于这些语素的组合关系源自外语,因此由仿译产生的一些复合词语义透明度相对较低。

语义透明度指复合词的语义可以从其所组成的各个语素的语义推知的程度,其操作性定义为整词与其语素的语义相关程度(王春茂、彭聃龄,2000)。简单来说,语义透明度即是否能根据复合词的构成语素义来理解词义。以上面所举的“宿王”为例,若仅从“宿王”两个汉语语素来看,很容易理解为字面意义上的“星星之王”“星宿之王”,较难与“月亮”义联系起来,因为从汉语自身发展角度来看,本土词汇“宿王”不太可能产生“月亮”的意义。再以“生法”和“二生”二词为例,这两个复合词的词形在上古汉语中就已经存在,换言之,即这两个词的语素组合在汉语中出现过,但是仿译产生语素组合关系无论是结构还是语义均与中土文献不同。“生法”在上古汉语为动宾结构,表示“制定法令”,而在汉译佛经中为定中结构,义为“起源之法、生长之法”。“二生”这一复合词,在上古汉语为定中结构,表示“两种祭祀动物”,汉译佛经语言中则是状中结构,表示“第二次出生”,语义和语法结构都不相同。由此可见,仿译产生的一些新兴复合词,由于语素组合的内部结构和语义关系都是外来的,因此较难直接通过语素意义组合去理解和分析这些复合词的整体语义。

第二，梵文原典中某些组合能力、构词能力很强的词根语素或者词缀语素被对等地翻译到汉语中，不仅导致汉语词语中某些语素的组合关系发生变化，而且其中某些语素在语言类推机制作用下，由最初的翻译对等发展到后来的大量模仿类推，从而转化成为组合能力较强的构词语素。

上面所举的由仿译产生的复合词中，“法雨”“法王”“法怨”“净居”“净水”“妙果”“妙网”等词含有一些共同语素，分别为“法”“净”“妙”，它们放在名词性语素之前，充当修饰性成分。除了上面列举的例子之外，这种情况在《佛所行赞》中还有大量出现。下面为包含语素“法”的部分用例，有“法水”“法服”“法芽”“法根”“法鼓”“法轮”“法林”“法眼”“法幢”“法桥”等：

法水澡其心，祈福非存己。(p. 4, c19)

剃头被法服，遂入苦行林。(p. 14, b23)

忍辱为法芽，固志为法根。(p. 26, b29 - c1)

当诣波罗奈，击甘露法鼓。(p. 29, a13 - 14)

正念以为毂，成真实法轮。(p. 30, b26 - 27)

入空静法林，诣迦叶仙人。(p. 31, b10 - 12)

瓶沙王欢喜，离垢法眼生。(p. 33, a15 - 16)

为众建法幢，而今一旦崩，如来智慧日，大觉为照明。(p. 51, c28 - p. 52, a1)

法桥一旦崩，众生长没溺。(p. 52, a5 - 6)

类似地，“净”和“妙”放在名词性语素之前参与构词，在《佛所行赞》中也有大量用例。“净”参与构成“净德”“净水”“净目”“净戒”“净智”“净法”“净心”“净信”等：

斋戒修净德，菩萨右胁生。(p. 1，a24)
应时虚空中，净水双流下。(p. 1，b15)
净目修且广，上下瞬长睫。(p. 2，a22)
智慧泝流水，净戒为傍岸。(p. 3，b2)
净智修苦行，决定我自知。(p. 18，c9)
宁苦行净法，非乐行不净。(p. 18，c17)
净心守斋戒，行人所不堪。(p. 24，b14)
净智理潜明，闻法能即悟。(p. 31，a5)
欲令诸世间，普生净信故。(p. 32，b14)

以下为“妙”作为构词语素的用例，例如“妙乐”“妙花”“妙香”“妙音”“妙相”“妙色”“妙体”“妙法”“妙义”等：

天衣从空下，触身生妙乐。(p. 1，c3)
奇特众妙花，非时而敷荣。(p. 1，c11)
水陆四种花，炎色流妙香。(p. 5，b10)
虽作众妙音，亦不在其怀。(p. 9，c25)
恶道苦长息，妙果现于今。(p. 12，a16)
如是众妙相，悉饮尔炎水。(p. 14，a22)
妙色净端严，犹若法化身。(p. 19，c7)
妙体应涂香，何故服袈裟。(p. 19，c20)
如是等妙法，悉由饮食生。(p. 24，c4)
妙光照天下，犹若朝日明。(p. 25，a2)
能堪受妙定，非汝所能坏。(p. 26，c9)
妙义悉显现，安住实智中。(p. 28，b24)

“法”“净”“妙”这三个词在上古汉语中的用法，相对比较单一，多是单用，即使与别的语素组合，也较少用于名词性语素之前充当修饰性的构词语素，构词能力并不强。例如：

以八法治官府。(《周礼·天官·大宰》)

利用刑人，以正法也。(《易·蒙》)

凡应之理，清净公素，而正始卒；焉此治纪，无唱有和，无先有随。(《吕氏春秋·审分览》)

观辜，是何圭璧之不满度量？酒醴粢盛之不净洁也？(《墨子·明鬼下》)

九年而大妙。(《庄子·寓言》)

神合乎太一，生无所屈，而意不可障，精通乎鬼神，深微玄妙，而莫见其形。(《吕氏春秋·审分览》)

这种情况一直延续到中古时期的中土文献，例如：

又《神仙集》中有召神劾鬼之法，又有使人见鬼之术。(《抱朴子内篇·论仙》)

有一老翁犯法，谢以醇酒罚之，乃至过醉，而犹未已。(《世说新语·德行》)

潘文浅而净，陆文深而芜。(《世说新语·文学》)

所谓"绝妙好辞"也。(《世说新语·捷悟》)

夫金丹之为物，烧之愈久，变化愈妙。(《抱朴子内篇·金丹》)

到了汉译佛经文献中，"法""净""妙"与其他语素组合的关系发生了变化，即大量出现在名词性语素之前充当修饰性成分的构词语素。从《佛所行赞》梵文原典和汉译本的对勘材料来看，佛经文献中"法""净""妙"的这种新兴组合关系有两种情况，我们将就这两种情况展开具体讨论。

第一种情况，梵汉对勘材料表明，"法""净""妙"有与其相对应的梵

4.5 小结

世界上任何一种语言都不是孤立存在的，总是会受到外部语言的影响，与其他语言发生不同形式、不同程度的接触。语言外部接触影响与语言自身内部演变交融在一起，共同推动语言的发展和变化。因此，需要从语言接触的视角，鉴别外部语言接触的影响成分，才能更客观地梳理语言的历史演变，呈现真实的语言发展面貌。

佛教传入中国，以梵文为主的佛教经典被翻译成汉语，形成了汉语史上第一次大规模的语言接触。这种语言接触并不是不同语言人群的直接接触，而是通过书面翻译的间接接触。翻译过程中，为了尽量达到汉语与梵语之间的对应或者对等，汉译佛经文献的词汇在语音形式、词义和语素组合等几个方面均表现出一些特殊的现象，其动因就是汉语与佛经原典语言之间的语言接触。

本章以《佛所行赞》为个案，基于梵汉对勘材料，具体考察语言间接接触对汉语词汇语音形式、词义和语素组合关系这三个属性的影响。语音形式上，音译作为翻译过程中最为便捷的手段，直接使用汉字去记录原典词语的读音，达到语音对等的同时产生了大量多音节词。这些多音节词不仅使得汉译佛经文献显示出鲜明的异域特色，同时也造成汉译佛经词汇的高度复音化。词义上，语义移植将梵语中某些意义移植到某些汉语词语上，使得汉语词语增加了没有引申关系新的义位，达到词义上的对等。语素组合上，仿译采用汉语的材料，仿照梵文原典词语的语素组合关系，使得汉语产生大量新兴组合关系的复合词，达到构词层面上的对等。

不同语言之间经由翻译产生的间接接触，是引发语言变化的重要外部因素。但是迄今为止，间接语言接触的研究仍相对零散，缺乏足够的系统性。本章较为系统地考察了间接语言接触对词汇的影响，希望可以拓展和丰富间接语言接触的理论范围、深度。

第五章 《佛所行赞》词汇的语体色彩

词汇系统本身是一个具有多种维度的综合体系，语体色彩是其中重要的维度之一。汪维辉(2020:2)指出："语体是关乎语言研究对象和材料的一个关键性问题，也是汉语史研究中的一个重大问题，有必要进行专门的讨论。""语体差异对语音、词汇、语法的运用都有很强的制约作用，而词汇尤甚。因此在研究具体问题时必须考虑语体因素，才能准确判断一种语言现象的性质，在此基础上才有可能进行科学的汉语史研究。"口语和书面语混合是汉译佛经文献的特殊性质之一，因此本章将以常用词为标准，提出文献语体色彩的量化评估分析方法，全面描写和分析《佛所行赞》中的口语词与书面语词情况，并与同期中土文献和佛经文献进行对比，量化评估《佛所行赞》的语体色彩。

5.1 口语词和书面语词的判定与语体色彩评价方法

口语和书面语是语体色彩研究中的重要方面，中古汉语与上古汉语在口语和书面语的问题上就存在着十分明显的差异。上古汉语阶段，汉语书面语和口语的差异不大，即"文"(书面语)、"言"(口语)基本一致。先秦以降，汉语口语发生了较大变化，书面语与口语脱节，距离逐渐拉大(太田辰夫，1991；蒋绍愚，2019b)。

许多学者指出，中古汉译佛经文献与同时期中土文献相比，口语化程度相对较高。例如许理和(1987)明确提出和同时期的非宗教性文献比较，东汉佛经译文中的口语成分要多得多。周祖谟(1979/2001)、吕叔湘(1980)也认为佛经“接近口语”或“包含较多的口语成分”。方一新、王云路(1994:1)指出：“由于多种原因(为了便于传教、译师汉语水准不高、笔受者便于记录等)，东汉以至隋代间为数众多的翻译佛经，其口语成分较之同时代中土固有文献要大得多，并对当时乃至后世的语言及文学创作产生了巨大的影响。”

关于佛经翻译用语倾向选择口语的原因，俞理明、顾满林(2013:2-3)有过详细的阐述。他们认为佛经翻译开始的时候，当时汉语言文之间已经出现文白差异，因此译者面临语用的选择。佛经的翻译本来有理由采用文言，因为这样可以使译文具有典范的色彩，从而增加它的权威性和对上层社会以及民众的影响力，这样做也符合佛教重视感化上层人物的一贯传统。但是，三个因素使得译经用语明显地转向口语。第一，译经受限于翻译者的文化素养。最初的佛经翻译者基本不能兼通胡汉语言，因此参与经文翻译的主要有两类人：初晓汉语的胡人和略知胡语的汉人，前者主要通过口头学习汉语，没有接触过大量书本知识，后者为汉人中非主流地位的知识分子，对以儒家思想为核心的主流思想或主流文化具有一定的逆反心理，不重视学习模仿古代圣贤的用语。这两方面人员的特点，使译文倾向于非文言化。第二，由于受到代表典雅文化的汉族知识阶层主流和中央政权的明确排斥，佛教自觉或不自觉地带有通俗色彩，宣传对象也以普通民众阶层为主，这使佛经在翻译中具有较多的口语性。第三，早期翻译中，胡汉译者对于对方的语言，尤其是书面语的掌握不够纯熟，很多地方不能做到一对一的细致理解，一些原文只能作笼统的解释。此外，还要考虑译文文体与原文风格一致，像偈颂那样在语言形式有明确要求的诗歌体原文，就更增加了翻译的难度。综上，他们指出这些原因都使得译者在用语上偏向于采用浅显易于表达的口语性成分，以适当降低工作的难度。

佛典语料在汉语词汇研究中得到越来越多的运用，在这个过程中也需要注意避免汉译佛经的口语化程度被夸大。首先，汉译佛经文献并不是纯粹的口语性质，而是呈现出“书面语和口语混合”的特性，朱庆之(2001;2007)对这种混合性质进行过界定。具体来说，书面语是秦汉以来与口语逐渐脱节的文言文，口语就是译者们的方言俗语，二者的混合主要由于译者的汉语水平。对于来自西域的传教僧侣来说，他们不可能使用标准的文言文来译经，掺杂在译文中非书面语成分甚至并非来自通语，而是来自某个汉语方言。

其次，不同时代、不同译者的汉译佛经作品的口语化程度会存在一定的差异和个性特征。胡敕瑞(2012:212)就曾指出：“早期汉译之所以采用贴近口语的白话，一是因为早期译者多是外来僧人，他们缺少文言背景知识，接触的只是当时的口语；二是为便于佛教教义普及信众之中，译经者也会有意使用一种贴近庶众的白话文体；三是受佛陀传教不避方俗用语传统的影响，译经者也就不必奉汉地文言为圭臬。然而，随着外来译者汉语水平的提高以及本土译人的介入，汉译佛经的文言味道也随之变得越来越浓厚，有的译经几乎是用道地的文言来翻译。于是出现一些翻译风格各异的同经异译，或倾向用白话，或偏向用文言。”由此可见，即使都是汉译佛经文献，其语用倾向、语体色彩也都需要进行具体分析。

目前尚未有一个公认的、明确的、客观的标准来具体判定口语词和书面语词。化振红(2004:103－104)对《洛阳伽蓝记》中口语词判断提出过一些基本原则：“一个词或者一种用法，如果在东汉以前的典籍中已经出现，那么它们应该不能算作六朝的口语词：如果在东汉以后的文献中有所应用，那么就根据所处典籍的口语化程度进行具体分析：1. 如果它们仅仅出现在口语化程度较低的同期文献中，则视为书面语的词语或用法；2. 出现在口语化程度比较高的同期文献中，此前的文献没有用例的，就把它看作口语词或口语用法；3. 如果在口语程度较高的同期文献以及其前的文献中均已出现的，则视其具体语境区别对待：较多地出现在对话、转述之类的较富口语性的场合者，属于口语的词语或用法；4. 用于一般的叙述、议论等口语色彩不很突出的场合者，结合其形成的理据、内部成分在前后典籍中的运用情况,加以综合考虑。"不过,他也承认:"事实上根本不可能全面地掌握各时期现实口语的原貌,口语成分总是体现在书面语中,我们只能通过文献资料掌握其书面语的情况。而且,书面语和口语的界限本身就是相当模糊的,书面语和口语又是可以相互转化的。""所谓'口语词'只能是以书面语形式表现出来的口语成分。因此,对任何一个时期的口语词的研究,包括现代汉语在内,都不可避免地带有一定的相对性、主观性。"

倘若根据上述原则,口语词的判定大致可从时间和文献口语化程度两个大的维度上来进行判断。时间维度上,根据本书第二章的统计数据,《佛所行赞》的词语包括继承自上古汉语的传承词和中古时期产生的新词,其中传承词占据所有词汇的60%左右。尽管这些传承词来源于上古汉语,新词产生于中古时期,但是不能简单按照时间先后将前者归入文言色彩较重的书面语词,后者归为口语词。传承词中有相当一部分基本词汇,在甲骨文中就已出现,一直沿用到现代汉语,例如"天""地""人""火",但是这些词即使到了现代汉语中,也不会因为它们产生于上古时期就归入书面语词。因此,时间维度尽管为口语词和书面语词的判定提供了一定的信息,但仍需具体甄别。

再来看文献口语化程度。《佛所行赞》产生于中古时期的新词,就其来源可以分为三类,即中土文献和佛经文献中共现的新词、仅见于佛经文献的新词和仅见于中土文献的新词。如果与同期的中土文献相比较,那么中古时期所产生的仅见于佛经文献的新词既有可能是当时中土文献未收录的口语词或方言词,也很可能是在翻译过程中经由语言接触形成的,因此只能说它们代表了汉译佛经词汇的特点,但是否属于中古汉语的口语词,有待于进一步的斟酌和探讨。中土文献和佛经文献中共现的新词,或者更特殊一些的仅见于《佛所行赞》和同期中土文献但不见于其他佛经文献的新词,也需要进一步考察这些新词出现的中土文献的口语化程度,即化振红(2004)提及的"所处典籍的口语化程度"。这实际上又回到了我们最初遇到的问题,即如何区分文献的语体色彩，哪些文献口语化程度高，哪些文献书面语化程度高。蒋绍愚(2019a)已经指出很多文献语料都是文白混杂的，而且混杂的情况非常复杂。有的语料一部分是文言的，一部分是白话口语；有的语料是整体以白话口语为主，但有一部分是文言；有的则是叙事部分是文言，对话部分是白话口语。汪维辉(2020)以《型世言》为例进行了具体分析，虽然这是一部白话短篇小说集，但其语言成分相当复杂，包含不少文言成分，除诗词、判词、书信等常见的文言部分以及一些文言词语外，书中还有不少地方直接使用浅近文言，包括叙事和一些上层人士、知识分子的对话，甚至有的故事成段地用浅近文言写成。由此可见，大多数文献语料或多或少都表现出书面语和口语词语混合的性质，依据文献语料的口语化程度来判定口语词和书面语词，也是十分困难的。

常用词作为词汇系统的核心部分，起着保证语言的连续性并为创造新词提供基础的重要作用。常用词出现频率高，使用范围广，在各类文体中都经常出现。因此，"常用词可以作为判断语料价值高低的一条有效标准。我们常常说某书口语色彩浓，语料价值高，某书则较低或相反。这样说的时候往往只是凭语感，是依据直觉所作出的模糊判断，有时也能够零星地举出几个俗语词来，但大都缺乏普遍的可比性，因为那些俗语词并不一定在每种语料里都出现。常用词则不然，一些基本的常用词必定经常性地出现在各种文体中，这就有了可比性，衡量语料反映口语程度的高低就有了客观可靠的标准。只要需要，完全可以用量化的方法作出相当准确的估价"(汪维辉，2000：14)。可见，常用词为语体色彩的辨析和判定提供了一个可资对比的视角和标准。

本章将从多组常用词入手，利用语料库进行统计分析，以量化数据相对客观地评定文献的语体色彩。

以"眼"和"目"这组常用词为例，据汪维辉(2000：24)，常用词"眼"在汉末已经在口语中代替"目"，这种替换在六朝后期的文学语言中也已完成。常用词的演变和替换过程具有渐进性，因此同一部语料中，常用词新旧两种形式可能同时出现。以《佛所行赞》为例，代表口语的常用词“眼”出现了 28 次,而代表书面语的“目”出现了 40 次。再如《世说新语》,“眼”出现了 14 次,“目”出现了 16 次。此处不能简单地因为“眼”在《佛所行赞》中的出现总次数多于《世说新语》而判定《佛所行赞》的口语化程度高于《世说新语》,因为出现次数的多少与文献的篇幅以及内容都密切相关。为了降低文献篇幅与内容的影响,这里尝试以“眼”和“目”这一组常用词为轴,计算倾向于口语的“眼”和倾向于书面语的“目”出现的比例关系,从而量化表现在“眼—目”这一组常用词所构成的轴上,文献更倾向于使用哪一个。具体而言,《佛所行赞》中“眼”和“目”共出现 28＋40＝68 次,口语化倾向的“眼”占比为 28/68＝41.1％;“眼”和“目”在《世说新语》中共出现 14＋16＝30 次,“眼”占比为 14/30＝46.7％。因此,若仅从“眼—目”这一组常用词构成的轴来观察,《世说新语》由于更倾向于使用口语词“眼”,其口语化程度要高于《佛所行赞》。

然而,仅基于某一组常用词的观察仍是不全面的,因为每组常用词的发展过程并不相同。我们再以“翅—翼”这组常用词为例,上古汉语主要用“翼”,中古开始用“翅”,至迟在隋以前,“翅”在口语和书面语中都已经替代了“翼”(汪维辉,2000:66)。《佛所行赞》中 “翅”出现了 2 次,“翼”为 0 次,“翅”的占比为 100％,而《世说新语》中“翅”出现了 2 次,“翼”出现了 4 次,“翅”的占比仅为33.3％。若从“翅—翼”这组常用词来看,则是《佛所行赞》的口语化程度要高于《世说新语》,与上面的结论截然相反。因此,在实际判定的过程中应当选择多组常用词,在多组常用词构成的轴上计算所有口语词的占比。只有把多个轴上反映的口语词占比数据放在一起综合观察,或者借助雷达图等可视化手段,才可以相对客观全面地评估一部文献的语体色彩。图 5－1 是采用雷达图表示多个轴的口语词占比的情况。在每个轴上,标注位置表明口语词的占比,愈接近边缘表明口语词占比高,反之愈接近中心表明书面语占比高。简言之,多个轴标注位置的连线构成的阴影部分,其面积越大,通常表明综合程度上口语词占比较大;面积越小,表明口语词占比较小。

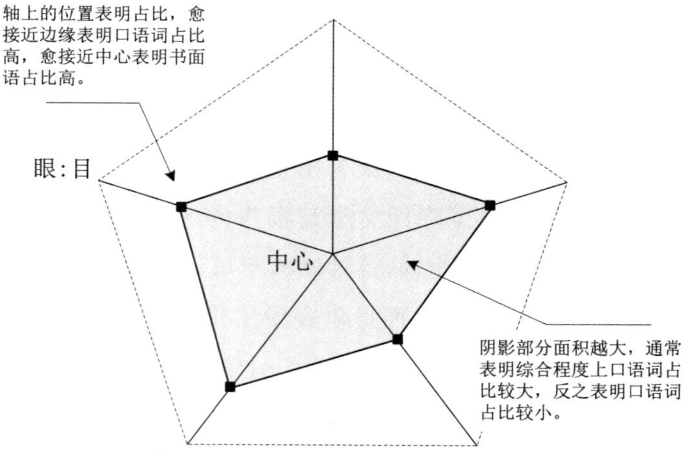

图 5-1 口语词占比的雷达示意图

对于选定的多组常用词构成的轴，基于语料库可以获得每部文献每个轴上的口语词占比数据，进而可以综合研判不同文献的语体色彩。

此外，在常用词的考察之外，笔者还将具体分析《佛所行赞》中出现的一些不同于同期佛经文献的书面语色彩较重的传承词，从而更为全面地诠释《佛所行赞》的语体色彩特点。

5.2 常用词视角的《佛所行赞》语体色彩分析

汪维辉(2000)对汉语常用词及其历史替换进行了细致的分析和描写，这为口语词和书面语词的辨析提供了坚实的研究基础。常用词有新旧两套系统，在一定程度上可以分别作为口语和书面语的代表，《佛所行赞》在常用词的使用上表现出口语和书面语混合使用的状况。具体表现为，一些新兴的口语色彩鲜明的常用词在《佛所行赞》中已有萌芽和发展，但是原有书面语色彩的常用词并未完全消失，有的甚至作为构词语素还十分活跃。本节将在此基础上，穷尽性统计并描写《佛所行赞》中常用词的使用情况，运用上述语体色彩评价方法，尝试对其语体色彩进行量化呈现。

翅—翼

鸟类和昆虫的翅膀，上古汉语叫“翼”，中古开始叫“翅”。名词“翅”始见于战国晚期，但西汉以前的例子很少，到了东汉三国的佛经里，表示“翅膀”的概念基本用“翅”而很少用“翼”了(汪维辉，2000：65)。《佛所行赞》中“翅”出现了2例，而“翼”不见。如：“无翅欲腾虚，渡河无良舟，人而无戒德，济苦为实难。”(p. 42，c21－22)“大力金翅鸟，所不能倾移。”(p. 52，b4)

船—舟

据汪维辉(2000：80)：“‘舟’和‘船’从先秦起就是等义词，但产生有先后。在先秦西汉，它们之间可能是方言与通语之别；至迟从西汉后期起，它们之间的关系变成文白之别。”在《佛所行赞》中，“舟”和“船”同时使用，“舟”共出现了10次，如：“普皆大震动，如风鼓浪舟。”(p. 1，b29)“度海得轻舟，我今亦如是。”(p. 22，c8)“船”共出现了7次，如：“汝当为船师，渡着安隐处。”(p. 17，a23)“以乘智慧船，广济于众生。”(p. 41，b23)

脚—足

汪维辉(2000：57)提出，从先秦起“脚”就存在着泛指人体及动物下肢的倾向，在东汉魏晋南北朝时期，这一用法得到空前的发展，并取代了相应的文言词“足”。“脚”和“足”同时出现在《佛所行赞》中，“脚”出现了3次，如：“手脚挛枯燥，悲泣而呻吟。”(p. 6，a29)“或羸瘦无腹，或长脚大膝，或大脚肥踌，或长牙利爪。”(p. 25，c16－17)“足”出现了50次，如“仙人观太子，足下千辐轮。手足网缦指，眉间白毫跱。”(p. 2，c27－28)“不觉从坐起，稽首仙人足。”(p. 3，a4)

看—视

一般认为“看”取代上古汉语里的“视”是在汉末三国时期，“看”在三国时期的各类文体中都用得较为普遍，汪维辉（2000：130）推测当时的口语早已说“看”而不说“视”了。“看”在《佛所行赞》中出现了 3 次，如：“菩萨默然观，如看童儿戏。”（p. 26，a18）“迦叶及眷属，晨朝悉来看，佛已降恶龙，置在于钵中。”（p. 31，c3－4）“内外转相告，巨细驰出看。”（p. 38，a11）《佛所行赞》中也使用“视”，共出现了 17 次，如：“更互相顾视，抱愧寂无言。”（p. 7，a5－6）“慈目视车匿，犹清凉水洗。”（p. 10，c22）

泪—涕

汪维辉（2000：39）指出上古汉语将眼泪称为“涕”，“泪”始见于战国，不晚于汉末的时候在口语中取代了“涕”，六朝后期在文学语言中也占据主导地位。《佛所行赞》中“涕”和“泪”同时使用。“涕”表示眼泪的意思，共见 4 例，单独使用的只有 2 例，即：“魇呼涕流涎，蓬头露丑形。”（p. 10，a8），“称如是我闻，合坐悉涕流。”（p. 54，a24－25）。另外 2 例都是“涕泪”连用，即：“呜咽而啼泣，涕泪交流下。”（p. 14，b25）“观者心悲喜，合掌涕泪流。”（p. 38，a16）“泪”出现了 21 例，如：“见生未曾想，流泪长叹息。”（p. 3，a1）“屈膝而舐足，长息泪流连。”（p. 12，a12）“车匿步牵马，歔欷垂泪还。”（p. 14，c6）“侍人扶令起，为拭其目泪。”（p. 15，a16）“阿难闻佛教，悲感泪交流。”（p. 44，a9）

瘦—瘠

汪维辉（2000：336）指出，跟“肥”相对，上古汉语一直用“瘠”，而且后世的正统文言一直沿用。“瘦”始见于战国末期文献，不晚于两汉之交“瘦”已占据主导地位；至迟到东汉中后期，主要是用“瘦”跟“肥”相对。《佛所行赞》中只用“瘦”，共出现了 3 次，即：“身瘦而腹大，呼吸长喘息。"(p. 6, a28)"乱发面萎黄,形瘦唇口干。"(p. 14, c15)"或羸瘦无腹,或长脚大膝。"(p. 25, c16)

眼—目

根据汪维辉(2000:24)考察,相当于英语 eye 的词,上古汉语用"目"。战国时期出现了"眼",但是西汉以前"眼"和"目"在词义上是有区别的:"眼"多指眼球;东汉以后这种区别不复存在。至迟汉末"眼"已在口语中替代"目",六朝后期在文学语言中这种替代也已完成。《佛所行赞》中"眼"和"目"同时使用,其中"眼"出现了 28 例,如"绀眼""黄眼""清净眼""平等眼""众生眼"等。"目"共出现了 40 次,如"净目""平等殊胜目""两目"等。

着—服/衣/冠

根据汪维辉(2000:106)的研究,上古汉语中穿衣服和戴帽子统称为"服",有时候也用名词动词化的方式来表达这个动作:穿衣服叫"衣"(读作去声),戴帽子叫作"冠"(读作去声)。这一局面到了东汉发生了根本的改变:"着"取代"服"成了表身上穿戴的通用动词。《佛所行赞》中表示穿戴义的"着"共出现了 10 次,如:"即与车匿别,被着袈裟衣。"(p. 12, b12)"爱着袈裟衣,入于苦行林。"(p. 12, b17)"如是等诸王,悉皆着天冠。"(p. 17, a14)"或着虎皮衣,或复着蛇皮。"(p. 25, c23)"改形着染衣,为伏烦恼怨。"(p. 31, a18)"服"用作动词表示穿戴义,在《佛所行赞》中共出现了 8 次,例如"诸长宿梵志,蓬发服草衣。(p. 13,b22)"超世圣王子,乞食不存荣,妙体应涂香,何故服袈裟?"(p. 19,c19 - 21)"手贯白珂钏,身服青染衣。"(p. 24,c12 - 13)此外,"衣"和"冠"用为动词,分别表达穿衣服和戴帽子的动作,在《佛所行赞》中也有用例,各出现了 2 次。例如:"时有一梵志,常卧尘土中,萦发衣树皮,黄眼修高鼻。"(p. 14,a5 - 7)"佩钾衣重袍,谓能制强敌。"(p. 31,a17 - 18)"愿得一抱汝,以水雨其顶,冠汝以天冠,置于伞盖下。"(p. 17,a8 - 11)"华服

冠天冠，黎民咸首阳，如何屈茂容，拘心制其形？”（p. 38，a24－26）

不同语体色彩的常用词同时出现于同一部文献，这符合语言发展的渐变性规律。任何一部文献都不可能完全用纯粹口语或者纯粹书面语写成，或多或少都会出现口语词和书面语词混合的情况。但不同时代、不同性质的文献，其混合的程度并不一样，这就需要我们对这种混合程度进行量化评估。为了更为准确地分析《佛所行赞》的语体色彩与同期文献的差异，需要将其与同时期不同性质的文献进行对比。笔者基于《佛所行赞》中出现的部分常用词即“眼—目”“船—舟”“脚—足”和“看—视”，对中古时期的其他文献也进行了调查和统计，具体统计结果如表 5－1 所示。

表 5－1　中古时期不同性质文献常用词使用情况的统计

书名	眼	目	船	舟	脚	足	看	视
《佛所行赞》	28	40	7	10	3	50	3	17
《抱朴子内篇》	1	40	3	5	2	31	2	61
《世说新语》	14	16	31	3	7	6	53	35
《洛阳伽蓝记》	2	17	1	0	0	2	4	4
《齐民要术》	16	31	4	1	35	32	37	11
《颜氏家训》	3	22	1	4	0	3	3	4
《大明度经》	4	6	8	0	1	8	0	26
《六度集经》	20	19	9	11	3	24	1	41
《生经》	13	10	7	1	9	26	0	18
《佛说普曜经》	14	41	5	2	5	37	0	24
《妙法莲华经》	15	9	1	1	1	24	0	7
《百喻经》	19	8	4	0	4	3	11	3
《佛本行集经》	91	49	29	0	30	214	53	40

为了更清晰地对比它们的异同，我们将表 5－1 转化为图 5－2 的雷达图形式，并将《佛所行赞》分别跟中土文献和汉译佛经文献进行对比。

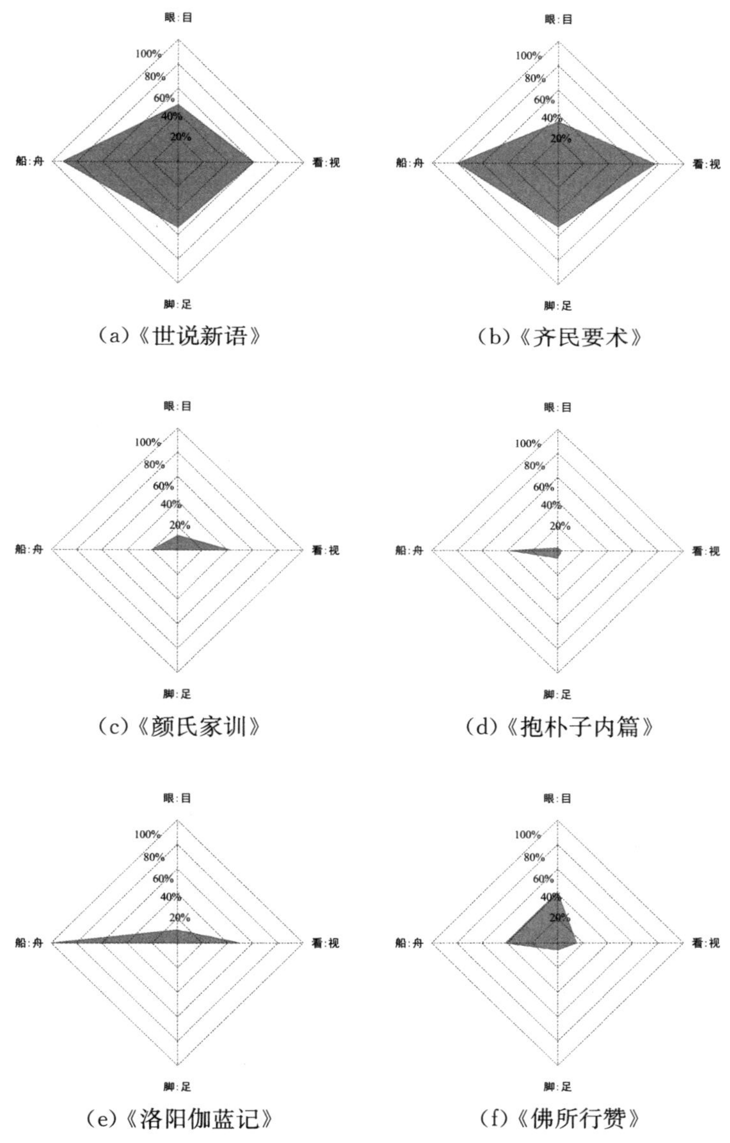

(a)《世说新语》 (b)《齐民要术》

(c)《颜氏家训》 (d)《抱朴子内篇》

(e)《洛阳伽蓝记》 (f)《佛所行赞》

图 5－2 《佛所行赞》与中土文献口语化程度的比较

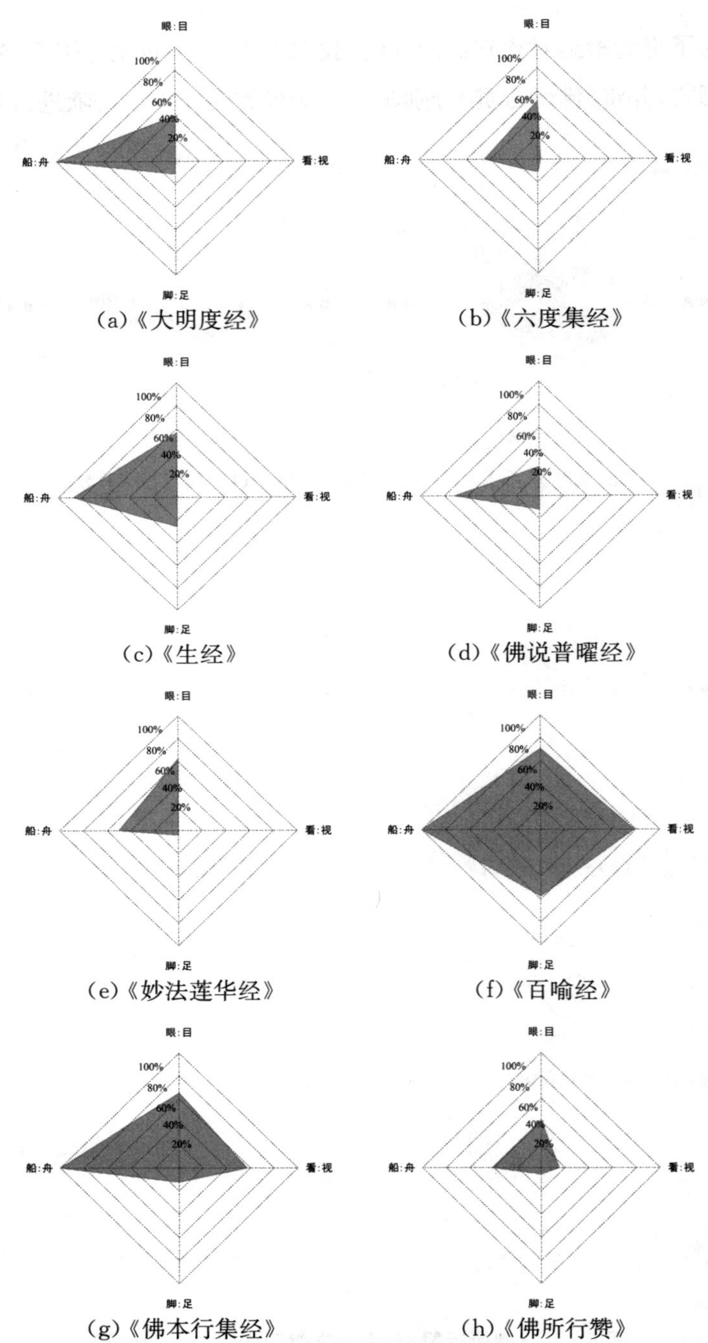

(a)《大明度经》　(b)《六度集经》

(c)《生经》　(d)《佛说普曜经》

(e)《妙法莲华经》　(f)《百喻经》

(g)《佛本行集经》　(h)《佛所行赞》

图 5－3　《佛所行赞》与其他佛经文献口语化程度的比较

由图 5-2 可以非常明显地看到,《世说新语》和《齐民要术》的阴影面积最大,由此我们可以推断,在常用词的使用上,这两部文献更倾向于使用新兴口语词,因此六部文献中它们的口语化程度最高。《颜氏家训》和《抱朴子内篇》的阴影面积最小,可见这两部文献在常用词的使用上,更倾向于较多使用具有书面语色彩的常用词,说明它们的口语化程度相对较低。《佛所行赞》和《洛阳伽蓝记》处于中间状态,口语化程度低于《世说新语》和《齐民要术》,高于《颜氏家训》和《抱朴子内篇》。

笔者再将《佛所行赞》与其他汉译佛经文献进行对比,用图 5-3 表示。

如图 5-3 所示,在八部汉译佛经文献中,《百喻经》的阴影面积分布最大,常用词使用上偏向使用新兴口语常用词,口语化程度最高。其次比较明显的依次是《佛本行集经》和《生经》,而《佛所行赞》与这些汉译佛经文献相比,阴影面积相对较小,由此我们可以判定,《佛所行赞》与这些汉译佛经相比,其口语化程度是比较低的。

总体而言,根据四组常用词中口语词和书面语词构成轴上的口语化程度的综合量化分析,我们认为《佛所行赞》的口语化程度在汉译佛经文献中相对较低,甚至低于中土的《世说新语》和《齐民要术》,略高于《抱朴子内篇》和《颜氏家训》。未来,随着对更多组常用词的数据分析,学界可以进一步完善丰富上述成果。

5.3 《佛所行赞》传承词中的书面语词

值得注意的是,《佛所行赞》中有一部分书面语词,它们来自上古书面文献,而且在中古中土文献中仍然十分活跃,但是在中古其他佛经文献中几乎不见,即使有个别用例,也多是出现在支谦、康僧会译经中,或者是僧肇、法显、慧皎这些中国僧人的译经或者著述中。支谦和康僧会虽然不是汉人,但他们从小生活在汉地,深受汉文化的熏陶。支谦是佛经翻译史上第一个出生在中国并兼通胡汉语言和文化的译师,他利用自己在文化修养上优势，译经过程中尽量运用意译，同时删除佛经原文重复冗杂的部分，而且行文讲究，多采用文言体①，其翻译风格被称为“尚文”。康僧会也生长于汉地，具有很强的汉语写作能力，他的译经和著述中多用一些一般译师所不用的文言词，因此常被称为“将佛教典雅汉化的第一人”（俞理明，1993：19）。《佛所行赞》使用了一些其他佛经文献不用的书面语词，现酌举一些例子。

比肩

门户窗牖中，比肩而侧目。（p. 38，a12）

按：“比肩”即“并肩”。《大词典》最早书证引《淮南子·说山》，年代晚。根据笔者的调查，先秦《荀子·非相》中就出现了：“妇人莫不愿得以为夫，处女莫不愿得以为士，弃其亲家而欲奔之者，比肩并起。”此后中古中土文献中有《论衡·遭虎》：“故人且亡也，野鸟入宅；城且空也，草虫入邑。等类众多，行事比肩，略举较著，以定实验也。”《齐民要术·造神麴并酒等》：“画地为阡陌，周成四巷。作‘麴人’，各置巷中，假置‘麴王’王者五人。麴饼随阡陌，比肩相布。”“比肩”在其他佛经中很少出现，目前仅在康僧会译《六度集经》卷六中发现1例：“自斯之后，刹有千数沙门比肩而行。”（T03，no. 152，p. 37，b18－19）②

冰炭

女人性怯弱，怵惕怀冰炭，不别吉凶相，反更生忧怖。（p. 1，c25－26）

① 参看胡敕瑞《代用与省略——论历史句法中的缩约方式》，《古汉语研究》2006年第4期。

② 《六度集经》是学界公认的语言比较典雅的经典，这也从一个侧面说明《佛所行赞》的文言程度较高。

按:“冰炭”为一个并列复合词,即冰块和炭火,比喻性质相反,不能兼容,或者比喻内心矛盾冲突。该词最早见于《韩非子·用人》:“争讼止,技长立;则强弱不觳力,冰炭不合形,天下莫得相伤,治之至也。”随后汉代东方朔《七谏·怨思》:“冰炭不可以相并兮,吾固知乎命之不长。”晋陶潜《杂诗》之四:“孰若当世士,冰炭满怀抱。”但是佛经文献中,“冰炭”仅在《佛所行赞》中出现。

屏气

束身不奋迅,屏气不喷鸣。(p. 10, b20)

按:“屏气”义为“抑制住呼吸”。该词最早见于《论语·乡党》:“摄齐升堂,鞠躬如也,屏气似不息者。”中古中土文献中常见,如《后汉书·党锢传》:“自此诸黄门常侍皆鞠躬屏气,休沐不敢复出宫省。”《宋书·谢庄传》:“百僚屏气,道路以目。”但是“屏气”在中古其他佛经文献中未见。

不遑

尊卑不待辞,寤寐不相告,六畜不遑收,钱财不及敛。(p. 5, c7-8)

按:“不遑”义为“无暇”“没有时间”。该词最早出自《诗·小雅·采薇》:“王事靡盬,不遑启处。”中古中土文献中很常见,如《抱朴子外篇自叙》:“今除所作子书,但杂尚余百所卷,犹未尽损益之理,而多惨愤,不遑复料护之。”中古其他佛经文献中仅在康僧会的《六度集经》卷六中出现过1次:“时有沙门,年在西夕,志存高行,不遑文学。”(T03, no. 152, p. 38, c7-8)唐代中土僧人的译经中常见,如唐玄奘译《大宝积经》卷四十六中有:“是诸罪人虽受苦痛,大苦逼故不遑号叫。”(T11, no. 310, p. 269, b16)唐义净译《根本说一切有部毘奈耶》卷四:“我于前时有少急事,不遑就礼。”(T23, no. 1442, p. 645, b18)

侧目

门户窗牖中，比肩而侧目。(p. 38，a12)

按："侧目"义为"不敢正视"。该词最早见于《战国策·秦策一》："妻侧目而视，侧耳而听。"中古中土文献中有《淮南子·主术训》："人主之居也，如日月之明也，天下之所同侧目而视，侧耳而听，延颈举踵而望也。""侧目"在中古其他佛经文献中不见。到了唐道宣所撰《续高僧传》中有："祖习异闻，遂奋奇论，一座惊异，侧目嘉之。"(T50，no. 2060，p. 545，c24－25)

长辞

是故知所重，长辞而出家。(p. 17，b13)

表斯要誓已，除起而长辞。(p. 18，c29)

如来善安慰，割情而长辞。(p. 45，a20)

按："长辞"即"长别"，表示长久地离开。该词见于汉张衡《归田赋》："超埃尘以遐逝，与世事乎长辞。"中古佛经文献中，"长辞"仅出现于《佛所行赞》中。

长驱

宜当竭其力，长驱勿疲惓。(p. 10，b17)

按："长驱"表示向前奔驰不止。该词最早见于汉代王逸《九思·遭厄》："蹑天衢兮长驱，踵九阳兮戏荡。""长驱"在中古中土文献很常见，如《三国志·魏书·田畴传》裴松之注："斩蹋顿于白狼，遂长驱于柳城，畴有力焉。"长驱"在中古其他佛经中不见。

超腾

朱髦纤长尾,超腾骏若飞。(p. 4, a8)

按:"超腾"义为"跳跃""翻腾"。该词最早出自刘向《新序·杂事》:"子独不见夫玄蝯乎?当其居桂林之中,峻叶之上,从容游戏,超腾往来。"中土文献中很常见,如《文选·王褒〈洞箫赋〉》:"状若捷武,超腾踰曳,迅漂巧兮。"中古佛经文献中,"超腾"仅在《佛所行赞》里出现。之后在唐代道世撰《法苑珠林》卷三十九有:"曾见异人形伟冠世,言语之间超腾遂远。"(T53, no. 2122, p. 596, a25-26)

登仙

顾贪居俗累,子超然登仙。(p. 36, c24)

按:"登仙"即"成仙"。最早见于《楚辞·远游》:"贵真人之休德兮,美往世之登仙。"该词在中古时期的中土文献常见,如《汉书·王莽传下》:"或言黄帝时建华盖以登仙,莽乃造华盖九重……车上人击鼓,挽者皆呼'登仙'。"《魏书·释老志》:"初文帝入宾于晋,从者务勿尘,姿神奇伟,登仙于伊阙之山寺。"中古佛经文献中仅在《佛所行赞》里出现。但是唐代中土僧人撰述中多见,如唐道宣撰《续高僧传》卷二:"初,耶舍先逢善相者云:'年必至百,亦合登仙。'中寿果终。"(T50, no. 2060, p. 433, a15-16)唐玄奘译《大唐西域记》卷七:"求仙者中坛而坐,手按长刀,口诵神呪,收视反听,迟明登仙。"(T51, no. 2087, p. 906, c27-29)

东市

东市杀标下,人情所憎恶。(p. 21, a20)

按:汉代在长安东市处决判死刑的犯人,因此"东市"泛指刑场。"东市"

最早见于《史记·袁盎晁错列传》:"及窦婴、袁盎进说,上令晁错衣朝衣斩东市。"《大词典》所引最早书证为《晋书·宣帝纪》,年代晚。中土文献中很常见,如《宋书·殷琰传》:"何故苟困士民,自求齑脍,身膏斧镬,妻息并尽,老兄垂白,东市受刑邪!"但是中古佛经文献中,"东市"仅在《佛所行赞》中出现。中古之后,宋代志盘撰《佛祖统纪》中有:"时此心已深恨,而载赴东市以就诛。"(T49, no. 2035, p. 389, c3－4)

俄而

俄而复消散,人理亦复然。(p. 11, c28)

按:"俄而"义为"很快,不久",亦写作"俄尔"。最早见于《庄子·大宗师》:"俄而子舆有病,子祀往问之。""俄而"在中古中土文献中很常见,如《世说新语·言语》:"谢太傅寒雪日内集,与儿女讲论文义,俄而雪骤。"《三国志·魏书·张辽传》:"太祖征张鲁,教与护军薛悌,署函边曰'贼至乃发'。俄而权率十万众围合肥,乃共发教。"但是"俄而"或"俄尔"在中古佛经文献中非常少见,除《佛所行赞》中的1例外,东晋法显译《大般涅槃经》卷二中还有1例:"世尊神力,俄尔之顷,而便澄洁,世尊即便受水饮之。"(T01, no. 7, p. 197, c4－5)唐宋中土僧人撰述中多见,如宋代志盘撰《佛祖统纪》卷九:"国清讲堂狭小,师欲广之,章安劝勿改,俄而栝州都督周孝节施杉柱泛海而至。"(T49, no. 2035, p. 197, b29－c2)

扶桑

法服助鲜明,如日照扶桑。(p. 19, b28)

按:"扶桑"本为神话中的树名,传说日出于扶桑之下,所以指太阳升起的地方。该词最早见于《楚辞·九歌·东君》:"暾将出兮东方,照吾槛兮扶桑。"王逸注:"日出,下浴于汤谷,上拂其扶桑,爰始而登,照曜四方。"中古中土文献中常见，如晋陶潜的《闲情赋》："悲扶桑之舒光，奄灭景而藏明。"中古佛经文献仅见于《佛所行赞》。中古之后的中土撰述中多见，如隋章安灌顶撰《大般涅槃经疏》卷十二："日从东出渐渐西没，复从土下入地东出绕天地转，故言日出扶桑日入蒙泛日月竖行。"（T38, no. 1767, p. 112, a22 - 24）《大慧普觉禅师语录》卷十四："到家岂复说涂程，万木春来自向荣。若遇上流相借问，扶桑东畔日轮生。"（T47, no. 1998A, p. 868, c26 - 27）

公私

士女公私业，一时悉休废。（p. 19, b4）

悉废公私业，不修诸俗缘。（p. 45, b7）

按："公私"是一个并列复合词，义为"公家和私人"。该词最早见于《商君书·修权》："公私之分明，则小人不疾贤，而不肖者不妒功。"中土文献中十分常见，如《世说新语·任诞》："祖车骑过江时，公私俭薄，无好服玩。"中古佛经文献中，仅在《佛所行赞》中出现。

郭邑

郭邑及田里，闻太子当出。（p. 5, c6）

此邑成丘林，彼林城郭邑。（p. 14, c1）

按："郭邑"即"城邑"，《佛所行赞》中"郭邑"对应的梵文是 pura 一词，pura 表示"城镇"（city, town）。"郭邑"最早见于董仲舒《春秋繁露·爵国》："城池、郭邑、屋室、闾巷、街路市、官府、园囿、萎圃、台沼、椽采，得良田方十里者六十六。"《大词典》首引前蜀韦庄《袁州作》诗，年代晚。中土文献中还有《宋书·文五王传·竟陵王诞》："诞焚烧郭邑，驱居民百姓，悉使入城，分遣书檄，要结近远。"但是在中古佛经文献中，"郭邑"仅在《佛所行赞》中出现。

结驷

众宝轩饰车，结驷骏平流。(p. 5, b23)

按："结驷"即"一车并驾四马"。该词最早见于《楚辞·招魂》："青骊结驷兮齐千乘，悬火延起兮玄颜烝。"王逸注："结，连也。四马为驷。"中古中土文献中多见，如《文选·张衡〈西京赋〉》："旗不脱扃，结驷方蕲。"晋陶潜《扇上画赞》："至矣于陵，养气浩然，蔑彼结驷，甘此灌园。"中古佛经中除了《佛所行赞》之外，还在东晋僧肇《注维摩诘经》卷九中出现过1次："世相迎送，必结驷轻骑。"(T38, no. 1775, p. 403, a28－29)》此后唐道宣撰《续高僧传》卷十七中也有："朱门结驷，亦于我如云。"(T50, no. 2060, p. 562, b7－8)

慨然

慨然兴长叹，降身委地坐。(p. 8, c9)

闻彼知法声，慨然而自愧。(p. 30, c15)

按："慨然"表示感慨的样子。该词最早见于《荀子·宥坐》："孔子慨然叹曰：'呜呼！上失之，下杀之，其可乎！'"中古中土文献中多见，如《论衡·四讳》："哀公缪然深惟，慨然自反，遂不益宅。"《世说新语·品藻》："阮思旷慨然曰：'次道自不至此。但布衣超居宰相之位，可恨唯此一条而已。'"但是中古佛经文献中，"慨然"仅在《佛所行赞》中出现。此后唐代中土撰述中多见，如唐代澄观述《大方广佛华严经随疏演义钞》卷二有："普贤行海后进望涯，将欲弘扬，遂发慨然之叹。"(T36, no. 1736, p. 16, b17－18)

良朋

汝等悉归我，以为法良朋。(p. 13, c21)

假名为良朋，内实怀怨结。(p. 15，b1)
谛观于世间，唯业为良朋。(p. 37，b1)
命终神独往，唯业良朋随。(p. 37，b3)

按："良朋"即"好友"。其对应的梵文为suhṛd 一词，suhṛd 义为"朋友"(friend)。"良朋"首见于《诗・小雅・常棣》："每有良朋，况也永叹。"中古中土文献中多见，如《世说新语・赏誉》："子思求良朋，托好足下，勿以开美求之。"《宋书・沈攸之传》："仰遭革运，凶党惧戮，攸之狡猾用数，图全卖祸，既杀从父，又害良朋。"但在中古时期佛经文献中，仅见于《佛所行赞》。

靡靡

决断长别已，而游于北方，靡靡涉长路，如日傍西山。(p. 44，c29－45，a2)

按："靡靡"即"迟迟"，表示迟缓的样子。该词首见于《诗・王风・黍离》："行迈靡靡，中心摇摇。"毛传："靡靡，犹迟迟也。"中古时期又引申为"逐渐""渐渐""绵延不绝""华美"等多个意思，在中土文献中很常见，如三国魏曹植《节游赋》："观靡靡而无终，何眇眇而难殊。"南朝宋刘义庆《世说新语・言语》："张茂先论《史》《汉》，靡靡可听。"但在中古佛经文献中，"靡靡"仅见于《佛所行赞》。

便悁

我今念太子，便悁心亦然。(p. 16，b12)

按："便悁"义为"难过""忧愁"。该词首见于汉代东方朔《七谏・谬谏》："独便悁而怀毒兮，愁郁郁之焉极。"汉严忌《哀时命》："独便悁而烦毒兮，焉发愤而抒情。""便悁"一词在中古中土文献中也不多见，但是在

《佛所行赞》中出现 1 例。

切齿

裂目而切齿，乱飞而超摧。（p. 26，a17）

按："切齿"即"咬牙""齿相磨切"，表示一种极端痛恨的样子。最早见于《战国策·魏策一》："是故天下之游士，莫不日夜搤腕瞋目切齿，以言从之便，以说人主。"中古中土文献中很常见，如《三国志·魏书·王肃传》："司马迁以受刑之故，内怀隐切，著《史记》非贬孝武，令人切齿。"中古佛经文献中，除了《佛所行赞》中的 1 例以外，还在支谦译《菩萨本缘经》卷二中出现过 1 次："弃舍净法，瞋恚增长，口如赤铜，衔唇切齿，挥攉角张。"（T03，no. 153，p. 63，b16－18）

亲重

亲重大师尊，恩深未离欲。（p. 44，a12）

按："亲重"即"亲近器重"。最早见于《吕氏春秋·孝行》："今有人于此，行于亲重，而不简慢于轻疏，则是笃谨孝道，先王之所以治天下也。"中古中土文献中常见，如《东观汉记·北海靖王兴传》："每朝廷有异政，京师雨泽，秋稼好丑，辄驿马下问兴，其见亲重如此。"《三国志·魏书·夏侯玄传》裴松之注："允有惭色，知其非凡，遂雅相亲重。"中古佛经文献中，仅在《佛所行赞》里出现。

秋霜

莫如秋霜花，虽敷而无实。（p. 3，a14）
秋霜遂零落，同体尚分离。（p. 12，a3）

按："秋霜"最早见于《吕氏春秋·孝行》："方叶之茂美，终日采之而不知，秋霜既下，众林皆羸。”《大词典》首引《史记·李斯列传》，年代晚。中古中土文献多见，如《黄帝灵枢经·五变》：“秋霜疾风，则刚脆之木，根摇而叶落。”《文心雕龙·诏策》：“眚灾肆赦，则文有春露之滋；明罚敕法，则辞有秋霜之烈。”但是中古佛经文献中，仅出现于《佛所行赞》。

士庶

举国诸士庶，悉皆从王行。(p. 36, c19)

按：“士庶”即“士人和普通百姓”，泛指人民或者百姓。最早见于《管子·大匡》：“君有过，大夫不谏；士庶人有善，而大夫不进，可罚也。”中土文献中很常见，如《三国志·魏书·董卓传》：“长安士庶咸相庆贺，诸阿附卓者皆下狱死。”《宋书·王弘传》：“诸议云士庶缅绝，不相参知，则士人犯法，庶民得不知。若庶民不许不知，何许士人不知?”但是中古佛经文献中，仅出现在《佛所行赞》中。唐宋时期的译经中较为多见，如唐义净译《金光明最胜王经》卷十：“士庶百千万，亦随王出城。”(T16, no. 665, p. 453, c21)宋法贤译《众许摩诃帝经》卷二：“今在雪山南婆儗啰河侧迦毘罗城，建二大城以为都邑，臣僚士庶骨肉眷属富盛繁多。”(T03, no. 191, p. 937, b12－14)

逃死

虚空水陆中，逃死亦无处。(p. 27, a29)

按：“逃死”指的是逃避灾祸或致死的危险。最早见于《国语·楚语下》：“夫从政者，以庇民也。民多旷者，而我取富焉，是勤民以自封也，死无日矣。我逃死，非逃富也。”中古中土文献中常见，如《三国志·魏书·钟会传》：“贼姜维、张翼、廖化、董厥等逃死遁走，欲趣成都。”《魏书·萧宝夤传》：“所以晋恭获谤，无所逃死；卫伋受诬，二子继没。”然而在中古佛经文献中，“逃死”仅在《佛所行赞》中出现。

惕然

魔王惕然疑，心口自相语。(p. 25, c3)

按："惕然"即"惶恐害怕的样子"。最早见于《晏子春秋·杂上》："景公探雀鷇，鷇弱，反之。晏子闻之，不待时而入见景公，公汗出惕然。"中古中土文献多见，如《颜氏家训·勉学》："未知养亲者，欲其观古人之先意承颜，怡声下气，不惮劬劳，以致甘腝，惕然惭惧，起而行之也。"《魏书·胡叟传》："讥其惟假盛服，璨惕然失色。"中古佛经文献中，除了在《佛所行赞》中出现之外，还在梁慧皎撰《高僧传》中出现过 2 次："神又降梦曰：'福德人舍王去矣。'王惕然惊觉。"(T50, no. 2059, p. 342, c19－20))又卷七："厉声谓严曰：'《涅槃》尊经，何以轻加斟酌。'严觉已惕然。"(T50, no. 2059, p. 368, a24－25)

罔极

慈母鞠养恩，尽寿报罔极。(p. 17, a26)

畏生老病死，故违罔极恩。(p. 17, b10)

按："罔极"义为"没有穷尽的"。最早见于《诗·小雅·何人斯》："有靦面目，视人罔极。"郑玄笺："人相视无有极时，终必与女相见。"中古中土文献中，"罔极"一词很常见，如《三国志·魏书·陈思王植传》："远慕《鹿鸣》君臣之宴，中咏《常棣》匪他之诫，下思《伐木》友生之义，终怀《蓼莪》罔极之哀。"中古佛经文献中，除了《佛所行赞》之外，在梁慧皎撰《高僧传》卷三中有 1 例："贫道远归帝京垂三十载，天子恩遇，衔愧罔极。"(T50, no. 2059, p. 344, c20－21)

萧条

尘想既已息，萧条倚空闲。(p. 9, a7)

按:“萧条”义为“寂寞冷落”。该词首见于《楚辞·远游》:“山萧条而无兽兮,野寂漠其无人。”中古中土文献中多见,如三国魏曹植《赠白马王彪》诗:“原野何萧条,白日忽西匿。”《魏书·于栗磾传》:“洛阳虽历代所都,久为边裔,城阙萧条,野无烟火。”但是在中古佛经文献中仅在《佛所行赞》中出现。唐代中土僧人的译经或者撰述中多见,如唐玄奘译《大唐西域记》卷二:“僧伽蓝十余所,摧残荒废,芜漫萧条。”(T51, no. 2087, p. 879, c2-3)唐道宣撰《续高僧传》卷四:“东寻嵬崿,莫有穷踪,北则横野萧条,南则印度皋衍。”(T50, no. 2060, p. 453, c26-27)

行迈

徘徊于中路,行迈顾迟迟。(p. 19, a6)

按:“行迈”即“行走不止”“远行”。与其对应的梵文为 jagmatuḥ,为动词 √gam 的完成时形式,义为“前行”(go, go on)。“行迈”一词最早见于《诗·王风·黍离》:“行迈靡靡,中心摇摇。”马瑞辰《通释》:“迈亦为行,对行言则为远行。行迈连言,犹《古诗》云‘行行重行行’也。”中古中土文献中常见,如王充《论衡·指瑞》:“实者,麟至无所为来,常有之物也,行迈鲁泽之中,而鲁国见其物,遭获之也。”中古佛经文献中,“行迈”仅在《佛所行赞》中出现。

偃寝

偃寝安胜床,百千婇女侍。(p. 1, a22)

按:“偃寝”即“仰卧”“躺下”。与其对应的梵文是 prapede,为动词 pra-√pad 的完成时形式,义为“躺下”(to fall)。“偃寝”一词最早见于《吕氏春秋·古乐》:“乃令鱓先为乐倡,鱓乃偃寝,以其尾鼓其腹,其音英英。”“偃寝”在中土文献中用例不多,如王充《论衡·四讳》:“毋偃寝,为其象尸也。”中古佛经文献中,仅在《佛所行赞》中出现。

勇气

震吼若雷霆，勇气奋成云。（p. 40, c25）

钟鼓如雷霆，勇气盛云雾。（p. 52, c14）

奋师子勇气，咸欲灭此城。（p. 53, b24）

按："勇气"即敢作敢为、毫不畏惧的气概。该词最早见于《左传·庄公十年》："夫战，勇气也。"中古中土文献十分常见，如王充《论衡·初禀》："勇气奋发，性自然也。"《三国志·魏书·邓艾传》："艾受命忘身，束马县车，自投死地，勇气陵云，士众乘势，使刘禅君臣面缚，叉手屈膝。"但是中古佛经文献中，"勇气"仅在《佛所行赞》中出现。唐代中土僧人译经或者撰述中常见，如唐义净译《根本说一切有部毘奈耶杂事》卷二十三："若见异状卿不须怖，宜可对前现雄猛势，有勇气者物不能欺。"（T24, no. 1451, p. 317, b9－10）唐道宣撰《续高僧传》卷七："由此仰膺法轮，总持诸部，勇气无前，任其披解。"（T50, no. 2060, p. 476, b25－27）

宇宙

宇宙悉清明，天龙神云集。（p. 28, a22）

按："宇宙"即"天地"。该词最早见于《庄子·让王》："余立于宇宙之中，冬日衣皮毛，夏日衣葛絺；春耕种，形足以劳动；秋收敛，身足以休食；日出而作，日入而息，逍遥于天地之间。"中古中土文献多见，如《三国志·魏书·文昭甄皇后传》："今武宣皇后、文德皇后各配无穷之祚，至于文昭皇后膺天灵符，诞育明圣，功济生民，德盈宇宙，开诸后嗣，乃道化之所兴也。"中古佛经文献中，除了《佛所行赞》以外，还在梁慧皎撰《高僧传》卷四中出现过1次："深公道素渊重，有远大之量；刘伶肆意放荡，以宇宙为小。"（T50, no. 2059, p. 348, a23－24）唐代中土撰述中，该词十分常见,用例很多。如唐澄观述《大方广佛华严经随疏演义钞》卷二十九:"前之总如一云之满宇宙,此之圆如和香之遍一室,故云总圆诚有异也。"(T36, no. 1736, p. 221, c25-27)唐道宣撰《续高僧传序》:"扣玄机而即号,并德充宇宙。"(T50, no. 2060, p. 425, a16)

战争

丰施过其望,心无战争想。(p. 4, c27)
或因其嬉戏,不急致战争。(p. 53, a22)
吾等今为法,战争复何怪。(p. 53, a23)
为一端正女,战争相摧灭。(p. 53, a28)

按:"战争"即"斗争""争斗"。与其对应的梵文为 yuddha,义为"战斗"、"战争"(battle,war)。"战争"一词最早见于《史记·秦始皇本纪》:"以诸侯为郡县,人人自安乐,无战争之患,传之万世。"中古时期,该词在中土文献中很常见,如《三国志·蜀书·谯周传》:"曩者项强汉弱,相与战争,无日宁息,然项羽与汉约分鸿沟为界,各欲归息民。"但是在中古佛经文献中仅见于《佛所行赞》中。唐代中土僧人的译经中多见,如唐玄奘译《阿毘达磨集异门足论》卷四:"如难陀王长发王种欲兴战争。"(T26, no. 1536, p. 380, c12-13)

5.4 小结

汪维辉(2020:2)指出语体差异十分复杂,口语和书面语内部都不是均质的,而是存在各种各样的差异,即使同一种文献内部也有可能存在语体差异。由于口语词和书面语词的判定目前缺少明确、统一的标准,因此文献语料语体色彩的判定比较困难,研究结论容易受到主观因素的影响。为了更好地澄清《佛所行赞》的语体色彩,本章在以下两个方面做出了一些探索。

第一，本章从常用词的视角提出语体色彩的评价方法。常用词与一般词汇不同，由于其出现频率高、使用范围广，而且是词汇系统的核心部分，通常不受文体和内容的限制，在各种不同性质的文献中都会出现。常用词在语言的发展过程中还会发生历时替换，因此一些常用词多存在新旧两套系统，它们在一定程度上可以分别作为口语和书面语的代表。本章对中古时期的文献进行了调查，不管是中土文献还是汉译佛经文献，都出现了新旧两套常用词混合使用的情况，这表明中古时期是上古文言词汇向近现代白话词汇发展的过渡期，同时也提示我们可对多组常用词中书面语词和口语词构成的轴进行统计分析，从而量化评估文献语体色彩。统计数据表明，《佛所行赞》在常用词的使用上，其口语化程度要低于同时期的汉译佛经文献，甚至低于一些中土文献。

第二，《佛所行赞》使用了一些同期其他佛经文献几乎不用的文言词。这些文言词主要来自先秦两汉的书面语文献，本章对这些文言词进行了描写。这些不见于同期佛经文献的文言词进一步表明《佛所行赞》是一部文言色彩较重的佛经文献，此种情况的产生说明《佛所行赞》的译者对汉语的书面语有较好的把握，这与本书第二章有关译者的结论相互印证，即《佛所行赞》译者为中土僧人宝云，僧祐《出三藏记集》的记载更为可信。

第六章 《佛所行赞》文本校勘

汉文佛经在历代传抄和刊刻的过程中，由于字体演变、字形讹误、刊刻臆改等各种原因，产生了众多的版本和大量的异文。本书汉译本《佛所行赞》主要依据《大正新修大藏经》版本，该本以高丽藏为底本，同时汇集了其他版本的异文材料，形成十分详细的校勘记。本章基于这些不同版本的异文材料，结合《中华大藏经》和梵汉对勘材料，对《佛所行赞》中的异文现象进行分类整理，辨正和判定其中部分异文材料，为日后汉文佛经的校勘和修订提供参考。

6.1 汉译本《佛所行赞》的异文情况

自北宋开宝年间中国第一部木版雕印汉文大藏经《开宝藏》问世，以后历元明清民国至今，共刻印有《金藏》《契丹藏》《崇宁藏 》《毗卢藏》《圆觉藏》《碛砂藏》《普宁藏》《元官藏》《洪武南藏》《永乐南藏》《永乐北藏》《嘉兴藏》《清藏》《频伽藏》《普慧藏》《中华藏》《敦煌大藏经》等 20 余种版本。佛教传入日本、朝鲜后，日本印行了《天海藏》《黄檗藏》《缩刻藏》《字藏》《字续藏》《大正藏》等版本的汉文大藏经，朝鲜印行了《高丽藏》汉文大藏经。这些藏经中以《大正藏》最为流行，影响最大，几乎成为目前学界最为通行的版本。《大正藏》全称为《大正新修大藏经》，是日本大正十一年至昭和九年（1922—1934 年）由日本著名佛教学者高楠顺次郎、渡边海旭主持编辑的一种铅印本大藏经。方广锠（2015：17）对

《大正藏》给予了充分肯定和高度评价:"这部大藏经对世界佛教研究的普及与深入贡献之大,实在无与伦比,堪称佛教文献学史上一座前所未有的里程碑。""可以说,《大正藏》编成以后,世界上没有一个佛教研究者未曾直接或间接承受其学恩。"

《大正藏》优点之一就是对各种能收集到的藏经及相关佛典进行认真的校勘。它以《高丽藏》为底本,同时与南宋思溪藏(简称"宋本",《大正藏》记为【宋】)、元大普宁寺藏(简称"元本",《大正藏》记为【元】)、明方册藏本(简称"明本",《大正藏》记为【明】)进行对校,后来又加校了原藏于上野帝室博物馆的正仓院古写经与藏于宫内省图书寮的北宋本一切经。《大正藏》校勘的宗旨和原则为只指异,不辨正。所谓"指异",即同时将各种藏经或相关文本中的异文统统罗列在校勘记中,供研究者参考判定并作出选择。所谓"辨正",是指在不同的异文中,整理者按照自己的理解,选择某种相对最为正确的文字,列入正文(方广锠,2015:20)。由此可见,《大正藏》中数量如此庞大的校勘记,为汉文佛经的整理奠定了扎实的材料基础,但同时也需要我们采用合理的方法对这些异文进行甄别。

《大正藏》中所列《佛所行赞》的校勘材料近千条,笔者将它们进行了分类整理,主要有以下几种类型。

第一类,关于《佛所行赞》中的一些人名、地名或者佛教术语,《大正藏》尽最大可能搜集了包括梵文、巴利文在内的不同语言的刊本、写本作为参校本,在校记中注出相应的梵文或者巴利文原词,这类共有138条。举例如下,其中方括号内的数字是《大正藏》电子版的校勘标记。

> 净财德纯备,故名曰[7]净饭,群生乐瞻仰,犹如初生月。王如天帝释,夫人犹[8]舍脂,执志安如地,心净若莲花,假譬名[9]摩耶,其实无伦比。(p. 1, a9-14)

《大正藏》校勘:[7]Śuddhodana.。[8]Śaśī.。[9]Māyā.。该句中,"净

饭”“摩耶”均为人名,《大正藏》分别注释出它们相应的梵文,如“净饭”的梵文为“Śuddhodana”,“摩耶”的梵文为“Māyā”。

> [16]优留王股生,[17]卑偷王手生,[18]曼陀王顶生,[19]伽叉王腋生。(p. 1, a26 - 28)

《大正藏》校勘:[16] Aurva.。[17] Pṛthu.。[18] Māndhātṛ.。[19] Kakṣīvat.。校勘记对“优留王”“卑偷王”“曼陀王”“伽叉王”分别注出了相应的梵文。

以上这类情况在本书第四章的音译词部分已经讨论,此处不再赘述。

第二类,句子层面的异文情况,即《大正藏》本《佛所行赞》的某些句子与其他版本整句不同。例如:

> 唯彼魔天王,[32]震动大忧恼。父王见生子,奇特未曾有,素性虽安重,惊骇改常容,[33]二息交胸起,一喜复一惧。(p. 1, c20 - 24)

《大正藏》校勘:[32]震动大忧恼=独忧而不悦【宋】【元】【明】。[33]二息交胸起=自虑交心胸【宋】【元】【明】。该句中“震动大忧恼”“二息交胸起”在【宋】【元】【明】本中分别为“独忧而不悦”“自虑交心胸”,整句都不相同。

> [5]若当从所愿,斯愿要当成,深思断集乐,增长涅槃心。(p. 9, a24 - 26)

《大正藏》校勘:[5]若当从所愿=此音我所乐【宋】【元】【明】。

《佛所行赞》中这类情况的部分用例如表 6 - 1 所示。

表 6-1 《佛所行赞》句子层面的异文情况

《大正藏》	其他版本
震动大忧恼	独忧而不悦
二息交胸起	自虑交心胸
普为诸山王	诸山中之王
而反复失耶	而复反弃乎
悲慨泣叹耳	不及故悲泣
合境无饥饿	无有饥饿者
以备众德义	众德义备故
历世相继嗣	遗嗣相绍续
若当从所愿	此音我所乐
是所应供养	所应供养者
夫人生育子	何以育养子
至言不烦多	多言何所解
越度生死海	度生死苦海
譬如师子王	如兽王师子
瞻敬不释事	不释事而看
及与苦行果	及苦行果报
或复奉事火	或奉事于火
倍深加宗敬	深加崇敬情
善知离生安	知离生则安
还归迦毗罗	还迦毗罗卫
举世悉曛冥	重冥与世暗
悉舍庄严具	庄严具悉废
生亡我所钦	共我意中人
而复还服食	还复服食者
今见行乞求	汝今行乞食
相问安吉不	互相问安否
三十三司弟	于三十三天

续　表

《大正藏》	其他版本
种种作异变	作种种变异
导从翼前后	羽从前后导
多诸恼瞋恚	兴瞋恚多恼
遂不绍国位	不绍国嗣位
一切如天物	皆如天上物
迢遰若秋云	犹如秋白云
见彼多求众	见多求众生
为以绍宗嗣	为绍嗣宗族
为以报恩养	为其育子故
汝慎勿惜言	汝莫惜其言
诱之令见趣	诱引而杀之
入于五欲火	入五欲炽然
下情甚不安	我意已不安
天神见驱逼	天神驱逼我
我心怀汤火	心怀如汤火
弃捐太子归	弃太子而归
四集盈虚空	四集于空中
太子大丈夫	太子丈夫志
惭愧楔其间	惭愧屑其铜
吾今以中夜	吾今已升天
知足常欢喜	知足心常欢
善和于彼此	善和彼此诤
如牛失其道	犹群牛失道
竦身自投地	束身投于地

以上这些句子层面的异文，绝大多数都是意思相同，或是采用了不同的语序，例如《大正藏》本为“种种作异变”，其他版本为“作种种变

异”;或是采用不同的表达方式,例《大正藏》本“譬如师子王”,其他版本为“如兽王师子”;还有少数情况,是异文整句意思不同,例如《大正藏》本“若当从所愿”,其他版本作“此音我所乐”。

第三类,词汇层面的异文情况,这类最为多见,占到所有校勘用例的一半以上。例如:

[21]太子舍父王,眷属及我身,(p. 12, b16-17)

《大正藏》校勘:[21]太子=大家【宋】【元】【明】。

举[24]首仰呼天,[25]迷闷而躃地,(p. 12, b18-19)

《大正藏》校勘:[24]首=手【宋】【元】【明】。[25]迷闷=闷绝【宋】【元】【明】。

非薄土群[13]鄙,而能集众贤。(p. 42, c12-13)

《大正藏》校勘:[13]鄙=类【宋】【元】【明】。

无翅欲腾虚,[14]渡河无良舟,人而无戒德,济苦为实难。(p. 42, c21-23)

《大正藏》校勘:[14]渡=度【宋】【元】【明】。

净戒功德[15]具,随大仙而[16]征。(p. 42, c26-27)

《大正藏》校勘:[15]具=见【宋】【元】。[16]征=化【宋】【元】【明】。

这类情况的部分其余例子,如表6-2所列。

表 6-2 《佛所行赞》词汇层面的异文情况

《佛所行赞》例句	《大正藏》本	其他版本
合境生悲痛	合境	举国
旷野茂高树	茂高	高显
长鸣而应之	长鸣	鸣呼
慷慨而战掉	慷慨	懔惗
地性平软濡	软濡	柔软
历劫修善果	善果	苦行
渐次第游行	游行	行游
不解微细义	微细	细微
悉皆大惶怖	悉皆	皆悉
不合和汤药	合和	和合
勿令后悔恨	悔恨	恨悔
谁当为坏裂	坏裂	裂坏
以胜妙香花	胜妙	妙胜
于彼象天后	象	像
寂静顺禅思	顺	乐
时四月八日	时	于
清和气调适	清	时
自知生不死	死	乱
晃然后胎现	后	从
正真心不乱	真	直
奉持床四足	奉	捧
从今转休盛	休	兴
若习乐世间	习	令
譬如须弥山	如	若
诸宿月为最	宿	星
两足中为最	最	尊
平等殊胜目	目	因

续　表

《佛所行赞》例句	《大正藏》本	其他版本
以何因缘故	何	是
各生殊异子	异	胜
而生婆罗婆	婆	娑
不必由先胄	胄	绪
毘耶娑仙人	娑	婆
唯愿时教勅	时	垂
宿殖众妙因	殖	植
胜果现于今	现	见
今者来因缘	来	之
眉间白毫跱	跱	峙
见生未曾想	想	相
不觉从坐起	坐	座
丧家亡国乎	乎	子
此子应世生	生	王
渡此众流难	渡	度
染着五欲境	染	深
痴暗门重扇	扇	扉
拔恩爱逆钻	钻	毛
恐怖悉以除	以	已
腾虚而远逝	虚	空
珍护兼常念	珍	倍
呪愿祈吉福	吉	告
明焰极光泽	焰	艳
又野之所生	又	朝
素笃增亲密	增	者
收实倍丰积	积	熟
德貌世奇挺	挺	特

续 表

《佛所行赞》例句	《大正藏》本	其他版本
深虑蹰世表	蹰	喻
勿邻秽声色	邻	怜
如天犍挞婆	犍	揵
和颜善听讼	讼	说
如令我子安	令	今
爱言非无义	言	语
平正止净讼	正	心
软语而教勅	语	言
务施以财物	务	矜
世间永消亡	间	累
我今心大安	大	太
爱行清净业	爱	受
勇健伎艺胜	伎	技
将为显其子	将	正
先胜名闻所	名	多
伎女因奏乐	伎	妓
观者挟长路	挟	侠
侧身目连光	连	莲
亦如诸天众	天	王
为是身卒变	变	暴
愿果华于今	华	萃
雷霆霹雳声	霆	电
受命即风驰	受	寿

词汇层面的异文情况在《佛所行赞》中最为常见，很多情况是意思相同，采用了不同的词汇形式，例如“合境生悲痛”，《大正藏》本为“合境”，其他本用同义的“举国”。有的是词序不同，例如《大正藏》“微细”“悉皆”，其他本作“细微”“皆悉”。还有的是文字上的俗字、通假字、古

今字等造成的异文，例如《大正藏》本“坐”“现”，其他本作“座”“见”等。

《大正藏》中这些异文材料，为《佛所行赞》的文本整理和校勘提供了基础，下面我们尝试对其中一些异文情况进行初步判定。

6.2 基于《中华大藏经》及梵汉对勘的《佛所行赞》校勘

真大成(2019)详细阐述了文献异文产生的原因及其性质，他归纳为三个方面：第一，文献形成以后再流传过程出现讹误、脱、衍、倒，从而形成校勘性异文。第二，文献形成及流传中或用正字，或用俗字，或用本字，或用通假字，形成用字性异文。第三，文献形成及流传中表述同一对象时使用了不同词语或句式，造成修辞性异文。针对这三种不同性质的异文，应采用不同方法进行判定。校勘性异文应运用文献整理的方法和原则判别正误，用字性异文主要运用文字学的理论和方法确定字际关系，修辞性异文则是运用语言学的理论和方法探寻词与词、句与句之间的变化关系。

本节所用《佛所行赞》的版本主要依据《大正藏》。《大正藏》以高丽本为底本，并与【宋】【元】【明】三本合校而成的。为了数据更为翔实，我们还参照了《中华大藏经》(汉文部分)，《中华大藏经》是以《赵城金藏》为底本，除此之外还广收历代一切藏经，有《房山云居寺石经》《崇宁藏》《毗卢藏》《资福藏》《碛砂藏》《至元录》《普宁藏》《洪武南藏》《永乐南藏》《永乐北藏》《清藏》等。《佛所行赞》是文献翻译的产物，若以其梵文原典作为参照，在一定程度上也是可行的。因此，本节结合《中华大藏经》和梵汉对勘材料对汉译本《佛所行赞》进行异文文本校勘，文中《碛》指《碛砂藏》，《普》指《普宁藏》，《南》指《南藏》，《径》指《径山藏》，《清》指《清藏》。【宋】【元】【明】分指南宋思溪藏、元大普宁寺藏、明方册藏本。

具体举例如下。

修德无量劫，自知生不死。(p. 1，b2)

校:《大正藏》本为“死”,【宋】【元】【明】为“乱”,据《中华大藏经》的校勘记,《碛》《普》《南》《径》《清》也作“乱”。根据梵文原典,该处当为“乱”。

与该句对应的梵文为:

kalpeṣv anekeṣu ca bhāvitātmāyaḥ saṃprajānan suṣuve na mūḍhaḥ/1.11/

kalpeṣu(kalpa): m7p, aeons 汉译:劫

anekeṣu(an-eka): m7p, through many 汉译:无量

ca: ind, and

bhāvitātmā(bhāvita-ātman): cbv, m1s, purified 汉译:修德

yaḥ(ya): m1s, he, who

saṃprajānan (saṃ-prajāna): prap 1s, perfectly (all-) knowing 汉译:自知

suṣuve(√sū): 3sa prf, was born 汉译:生

na: not 汉译:不

mūḍhaḥ(mūḍha): (√muh) ppp m1s, ignorant (but) 汉译:乱

梵文原典原文意思是,佛陀出生的时候无所不知而且不混乱。原典中 mūḍha 为形容词,意思是“混乱的”(bewildered, perplexed, confused),因此相应的汉译为“乱”,才与原文所要表达意思相一致,而不是“死”。

正真心不乱，安庠行七步。(p. 1，b9 - 10)

校:《大正藏》本为“正真”,【宋】【元】【明】本作“直”,据《中华大藏经》的校勘记,《碛》《普》《南》《径》《清》本也皆作“直”。根据梵文该处当为“直”。

与该句对应的梵文为：

anākulāny ubjasamudgatāni niṣpeṣavad vyāyatavikramāṇi / 1.14 /

anākulāni(an-ākula)：ppp n2p，not confused，calm，unperplexed，regular 汉译：心不乱

ubjasamudgatāni (ubjasamudgata)：ppp n2p，straight and well-raised 汉译：正直

ubja：(√ ubj) ppp，tunred or bent down wards，lying with the face downwards，looing downwards，make straight.

sam-udgata(gam)：ppp，risen up，come forth，appeared

niṣpeṣavat(nispeṣanvant)：n2p set down firmly

vyāyatavikramāṇi (vyāyata-vikrama)：ppp n2p，steps that were long (and)

vyāyata：(√ yam)ppp，long，wide

vikrama：m，step

梵文中 ubja 一词为形容词，意思是“正直的”(straight)。因此汉译本当为“正直”，而不是“正真”。

汝当听我说，今者来因缘。(p. 2，c20)

校：《大正藏》本作“来”，【宋】【元】【明】本作“之”，根据梵文当为“今者来因缘”。

与该句对应的梵文为：

prayojanaṃ yat tu mamopayāne tan meśṛṇu prītim upehi ca tvam / 1.57 /

prayojanaṃ(prayojana)：n1s，the reason 汉译：因缘
yat：m1s，what is
tu：but
mama(aham)：m6s，for my
upayāne(upayāna)：n4s，coming 汉译：来
tat：about that
me(aham)：m6s，to me
śṛṇu(√śru)：ipv 2sa，you listen 汉译：汝当听
prītim(prīti)：f2s，pleased
upehi(upa-√i)：ipv 2sa，become
ca：ind，and
tvam(tvam)：m1s，you

梵文中 upayāna 一词为中性名词，义为“来到”(coming，approach)，因此汉译本当为“来”。

此子生奇特，容貌极端严，天人殆不异，汝言人中上，何故生忧悲？(p. 3，a5－7)

校：《大正藏》本作“汝”，【宋】【元】【明】本作“当”，根据梵文当为“汝言”。与该句对应的梵文为：

yasyottamaṃ bhāvinam āttha cārthaṃ taṃ prekṣya kasmāt tava dhīra bāṣpaḥ/ 1.63 /
yasya(yaḥ)：m6s，whose
uttamam(uttama)：m2s，the highest 汉译：人中上
bhāvinam(bhāvin)：n1s，future
āttha(√vac)：prf 2sa，you said 汉译：汝言

ca:ind, and

artham(artha): n1s, goal

tam: m2s, him

prekṣya(pra-√īkṣ): abs, after seeing

kasmāt(kaḥ): m4s, due to what 汉译:何故

tava(tvam): proy m6s, your

dhīra(dhīra): m8s, oh steadfast on

bāṣpaḥ(bāṣpa): m1s, tears (arises) 汉译:忧悲

该句中 āttha 为动词√vac 的第二人称完成时形式,该动词义为"说"(say),由于 āttha 是第二人称的形式,当译为"汝言",即"你说"的意思,因此汉译本当为"汝"。

今我临终时,此子应世生,为尽生故生,斯人难得遇。(p. 3, a20 - 23)

校:《大正藏》本作"生",【宋】【元】【明】、中华本作"此子应世王",根据梵文当为"此子应世生"。

与该句对应的梵文是:

kālo hi me yātum ayaṃ ca jāto jātikṣayasyāsulabhasya boddhā /1.68 /

kālaḥ(kāla): m1s, time

hi:ind, because

me(aham): m6s, my

yātum(√yā): inf, to pass away 汉译:临终

ayam(ayam): m1s, this one

ca:ind, and

jātaḥ(jāta)：(jan)ppp m1s，who is (just) born 汉译：生

jātikṣayasya(jāti-kṣaya)：cbv m6s，(the means) of ending birth 汉译：为尽生故生

jāti：f，birth

kṣaya：m，destruction

asulabhasya(a-sulabha)：ppp m6s，difficult to attain 汉译：难得遇

boddhā(√budh)：fut(epic sanskrit) 3sa，shall know

根据梵文原典，此处 jāta 为动词 jan 的过去被动分词，意思是“出生”(born)，因此汉译本当为“生”。

广访名豪族，风教礼义门，容姿端正女，名耶输陀罗，应嫂太子妃，诱导留其心。(p. 4，b23－25)

校：中华本作“娉”，根据梵文当为“娉”。

与该句对应的梵文是：

yaśodharāṃ nāma yaśoviśālāṃ vāmābhidhānaṃ śriyam ājuhāva /2.26 /

yaśodharām(yaśodharā)：f2s，Yaśodharā 汉译：耶输陀罗

nāma(nāman)：n2s，named 汉译：名

yaśoviśālām(yaśas-viśāla)：ctp6，f2s，of great fame

yaśas：n，beautiful appearance

viśāla：mfn，great，powerful

vāmābhidhānām(vāma-abhidhāna)：ck f2s，in the manifestation of a woman

vāma：mfn，lovely，pleasant

abhidhāna：n，manifesting

śriyam(śrī)：f2s，the goddess of fortune

ājuhāva(ā-√hu)：prf 3sa，he summoned (sacrificed，offered oblation)汉译：娉

句子中 ājuhāva 为动词 ā-√hu 的完成时形式，意思是“召集、召唤”(summon)。“嫂”的意思是“兄之妻”，如《史记·苏秦列传》：“苏秦之昆弟妻嫂，侧目不敢仰视。”用此义来解释“应嫂太子妃”，颇为费解，句义不通。“娉”是问名，古代婚礼“六礼”之一，即男方请媒人问女方名字和出生年月日。如《史记·滑稽列传》：“当其时，巫行视小家女好者，云是当为河伯妇，即娉取。”从汉译本的上下文以及梵文原典，此处当为“娉”。

高观谓投地，步者谓乘虚。(p. 5，c12)

校：中华本作“头地”，根据梵文当为“投地”。

与该句对应的梵文是：

taṃ tāḥ kumāraṃ pathi vīkṣamāṇāḥ striyo babhur gām iva gantukāmāḥ/3.22 /

tam：pron m2s，that

tāḥ：pron m1p，those

kumāram(kumāra)：m2s，prince

pathi(patha)：m7s，(down) on the road

vīkṣamāṇāḥ(vīkṣamāṇa)：(vi-√īkṣ)prap f1p，seeing　汉译：高观

striyaḥ(strī)：f1p，women

babhuḥ(√bhū)：prf 3pa，appeared

gām(gā)：f2s，to earth 汉译：地

iva：ind，as if

gantukāmāḥ(gantu-kāma)：ctp6 f1p，wishing to go (down) 汉译：(谓)投

gantu：m，way，course

kāma：m，wish，desire

梵文中 gā 为阴性名词，意思是“大地”“泥土”(earth)，gantu-kāma 意思是“希望到/去……地方”(wishing to go)，gā 为 gantu-kāma 的宾语，连在一起意思是“希望来到地上”。根据梵文，汉译本当为“投地”。

非时入林薮，悲恋娆我心。(p. 16，c24)

校：《大正藏》本作“娆”，【宋】【元】【明】本作“烧”，据《中华大藏经》的校勘记，《碛》《普》《南》《径》《清》本也皆作“烧”。根据梵文当为“烧”。与该句对应的梵文是：

ahaṃ tv akāle vanasaṃśrayāt teśokāgnināgnipratimena dahye /9.14/

ahaṃ(aham)：m1s，I

tv：ind，but

akāle(a-kāla)：m7s，at the wrong time 汉译：非时

te vanasaṃśrayāt (vanasaṃśraya)：ctp6 m5s，due to your seeking refuge in the forest 汉译：入林薮

vana：n，forest

saṃśraya：m，refuge

śokāgninā(śoka-agni)：ctp6 n3s，with the fire of grief 汉译：悲恋

śoka：m，sorrow

agni：n，fire

agnipratimena（agni-pratima）：ctp3 m3s，that resembles a (real) fire

agni：n，fire

pratima：mfn，resemble

dahye(√dah)：pre 1sm，am burnt 汉译：烧(我心)

梵文 dahye 为动词√dah 的现在时形式，意思是"烧"(burn)。根据梵文，汉译本当为"烧"。

甘蔗月光胄，到彼寂静林。(p. 22，b14)

校：《大正藏》本作"月"，【宋】【元】【明】本作"日"，据《中华大藏经》的校勘记，《碛》《普》《南》《径》《清》本也皆作"日"。根据梵文当为"月"。

与此处对应的梵文是：

tataḥ śamavihārasya muner ikṣvākucandramāḥ/ 12.1 /

tataḥ：ind，then

śamavihārasya（śama-vihāra）：cbv m6s，who took delight in tranquility

śama：m，tranquility

vihāra：m，enjoyment，pleasure

muneḥ(mumi)：m6s，the sage 汉译：牟尼大仙

ikṣvākucandramāḥ(ikṣvāku-candramā)：ctp6 f1s，the moon of the Ikṣvākus 汉译：甘蔗月光胄

ikṣvāku：m，ikṣvākus

candramā：m，moon

梵文复合词 ikṣvāku-candra，前半部分 ikṣvāku 对译于“甘蔗”，后半部分 candra，意思是“月亮”(the moon)。根据梵文，汉译本当为“月”。

迢遰若秋云，温凉四时适。(p. 4，c2－6)

校：【宋】【元】【明】本作“犹如秋白云”，根据梵文当为“犹若秋白云”。与此处对应的梵文是：

tataḥ śarattoyadapāṇḍareṣu bhūmau vimāneṣv iva rāñjiteṣu / 2.29 /

tataḥ：ind，then

śarattoyadapāṇḍareṣu(śarat-toyada-pāṇḍara)：ck m7p，white as autumn clouds 汉译：犹如秋白云

śarat：f，autumn

toyada：m，rain-cloud

pāṇḍara：mfn，pale，white

bhūmau(bhūmi)：f7s，on earth

vimāneṣu(vimāna)：m7p，a car of god，divine palaces

iva：ind，like

rañjiteṣu (rañjita)：(√ raj) ppp m7p，attractive，charmed，delighted

梵文中 śarat-toyada-pāṇḍara 一词，在句子中修饰 vimāna(宫殿)，意思是宫殿粉饰地如同秋云那样洁白。根据梵文，汉译本当为“犹若秋白云”。

6.3 小结

汉译佛经文献是传世语料的重要组成部分，但由于年代久远，在传

抄过程中会不可避免出现错、衍、脱等文字讹误或者用语改动的情况，因此对汉译佛经文本进行整理校勘是一项必不可少的基础工作。

汉译佛经文献与一般的中土文献不同，它混合了以梵语为主的外来语成分。因此对于汉译佛经语料的校勘，除了采用传统的文献校勘方法之外，还可以结合梵汉对勘材料来加以参照和辅证。本章对《佛所行赞》中异文材料进行了系统整理和分类，并结合《中华大藏经》和梵汉对勘材料，对其中一些异文现象进行初步判定和校勘。这些工作对未来《大正藏》的修订具有一定的参考价值。

参考文献

曹广顺、遇笑容　2000　从语言的角度看某些早期译经的翻译年代问题——以《旧杂譬喻经》为例,《汉语史研究集刊》第 3 辑,成都:巴蜀书社。

常盘大定　1938　《后汉至宋齐译经总录》,东京:东方文化学院东京研究所。

常盘大定　2017　《中古佛教史迹》,北京:中国画报出版社。

车淑娅　2004　《韩非子》词汇研究,浙江大学博士学位论文。

车淑娅　2005a　专书词汇研究三维方法论,《天津大学学报》(社会科学版)第 2 期。

车淑娅　2005b　论语言演变中的选择机制,《郑州大学学报》(哲学社会科学版)第 1 期。

陈保亚　1996　《论语言接触与语言联盟》,北京:语文出版社。

陈　辉　2007　《论早期东亚与欧洲的语言接触》,北京:中国社会科学出版社。

陈　明　2003　梵汉本《遗日摩尼宝经》词语札记,《华林》第三卷,北京:中华书局。

陈秀兰　1997　对许理和教授《最早的佛经译文中的东汉口语成分》一文的几点补充,《古汉语研究》第 2 期。

陈秀兰　1998　《魏晋南北朝文与汉文佛典语言比较研究》,浙江大学博士后研究工作报告。

程丽霞　2004　语言接触、类推与形态化,《外语与外语教学》第 8 期。

程湘清　1982　《先秦汉语研究》,济南:山东教育出版社。

程湘清　1984　《两汉汉语研究》,济南:山东教育出版社。

程湘清　1988　《魏晋南北朝汉语研究》,济南:山东教育出版社。

程湘清　2003　《汉语史专书复音词研究》,北京:商务印书馆。

程湘清　2016　《两汉汉语研究》,北京:中国社会科学出版社。

党素萍　2004　《〈八千颂般若经〉若干章节的梵汉对勘研究》,北京大学硕士学位论文。

狄　雍　1985　《欧美佛学研究小史》,香港:法住学会出版社。

丁福保　1991　《佛学大辞典》,上海:上海书店出版社。

董　琨　2002　"同经异译"与佛经语言特点管窥,《中国语文》第 6 期。

董志翘　1998　试论《洛阳伽蓝记》在中古汉语词汇史研究上的语料价值,《古汉语研究》第 2 期。

董志翘　2002　汉译佛典的今注今译与中古汉语词语研究,《古籍整理研究学刊》第 1 期。

方广锠　1992　《佛教典籍百问》,北京:今日中国出版社。

方广锠　1993　《佛教典籍概论》,北京:今日中国出版社。

方广锠　2015　古籍数字化视野中的《大正藏》与佛典整理,《上海师范大学学报》(哲学社会科学版)第 4 期。

方一新　1996　东汉语料与词汇史研究刍议,《中国语文》第 2 期。

方一新　2001　《大方便佛报恩经》语汇研究,《浙江大学学报》第 5 期。

方一新　2003　翻译佛经语料年代的语言学考察——以《大方便佛报恩经》为例,《古汉语研究》第 3 期。

方一新　2009　普通鉴别词的提取及原则——以早期汉译佛经鉴别为中心,《语文研究》第 2 期。

方一新、高列过　2005　从疑问句看《大方便佛报恩经》的翻译年代,《语言研究》第 3 期。

方一新、高列过　2012　《东汉疑伪佛经的语言学考辨方法》,北京:人民出版社。

方一新、王云路　1994　读《佛典与中古汉语词汇研究》,《古汉语研究》第1期。

冯先思　2013　《佛本行经》、《佛所行赞》不为同经异译考,《古籍研究》第2期。

高振农　1992　《大乘起信论校释》,北京:中华书局。

郭作飞　2009　历史文献专书词汇研究方法新探,《社会科学论坛》(学术研究卷)第9期。

顾满林　2002　试论东汉佛经翻译不同译者对音译或意译的偏好,《汉语史研究集刊》第5辑,成都:巴蜀书社。

顾满林　2003　东汉译经中半音译半意译的外来词简析,《汉语史研究集刊》第6辑,成都:巴蜀书社。

顾　阳　2004　从现代汉语介词中的欧化现象看间接语言接触,《语言文字应用》第4期。

侯传文　1999　《佛所行赞》与佛传文学,《东方论坛》第3期。

胡敕瑞　2002a　《〈论衡〉与东汉佛典词语比较研究》,成都:巴蜀书社。

胡敕瑞　2002b　从《论衡》与东汉佛典三音词语的比较看东汉词汇的发展,《语言学论丛》第25辑,北京:商务印书馆。

胡敕瑞　2004　略论汉文佛典异译在汉语词汇研究上的价值——以“小品般若”汉文异译为例,《古汉语研究》第3期。

胡敕瑞　2005　中古汉语语料鉴别述要,《汉语史学报》第5辑,上海:上海教育出版社。

胡敕瑞　2012　汉译佛典所反映的汉魏时期的文言与白话——兼论中古汉语语料的鉴定,《国学研究》第30卷,北京:北京大学出版社。

胡　适　1929　《白话文学史》,北京:北京大学出版社。又再版,2002年,北京:北京大学出版社。

化振红　2001　《洛阳伽蓝记》词汇研究,四川大学博士学位论文。

化振红　2004　从《洛阳伽蓝记》看中古书面语中的口语词,《中南大学学报》(社会科学版)第 2 期。

黄宝生　2010　《梵语文学读本》,北京:中国社会科学出版社。

黄宝生　2015　《梵汉对勘佛所行赞》,北京:中国社会科学出版社。

蒋绍愚　1989a　《古汉语词汇纲要》,北京:北京大学出版社。

蒋绍愚　1989b　关于汉语词汇系统及其发展变化的几点想法,《中国语文》第 1 期。

蒋绍愚　1989c　论词的"相因生义",《语言文字学术论文集——庆祝王力先生学术活动五十周年》,北京:知识出版社;蒋绍愚《蒋绍愚自选集》,郑州:河南教育出版社,1994 年。

蒋绍愚　1989d　古汉语词典的编纂和古汉语词汇的研究,《湖北大学学报》(哲学社会科学版)第 5 期。

蒋绍愚　1990　近代汉语研究概述,《古汉语研究》第 2 期。

蒋绍愚　2001　《世说新语》、《齐民要术》、《洛阳伽蓝记》、《贤愚经》、《百喻经》中的"已"、"竟"、"讫"、"毕",《语言研究》第 1 期。

蒋绍愚　2005　《古汉语词汇纲要》,北京:商务印书馆。

蒋绍愚　2014　词义和概念化、词化,《语言学论丛》第 2 期。

蒋绍愚　2015　《汉语历史词汇学概要》,北京:商务印书馆。

蒋绍愚　2019a　汉语史的研究和汉语史的语料,《语文研究》第 3 期。

蒋绍愚　2019b　也谈文言和白话,《清华大学学报》(哲学社会科学版)第 2 期。

蒋述卓　1993　《佛经传译与中古文学思潮》,南昌:江西人民出版社。

金克木　1996　《梵佛探》,南昌:江西教育出版社。

金克木　1999　《梵语文学史》,南昌:江西人民出版社。

李　晶　2019　汉梵藏《无量寿经》平行文本整理与语言研究,中国人民大学博士学位论文。

李宗江　1997　"即、便、就"的历时关系,《语文研究》第 1 期。

李宗江　1999　《汉语常用词演变研究》,上海:汉语大词典出版社。

梁启超　1920/2001　《佛学研究十八篇》,上海:上海古籍出版社。

梁晓虹　1991　汉魏六朝对汉语词汇双音化的影响,《南京师大学报》(社会科学版)第2期。

梁晓虹　1994　《佛教词语的构造与汉语词汇的发展》,北京:北京语言学院出版社。

刘长征　2012　新词语的生命力,《北华大学学报》(社会科学版)第5期。

刘叔新　1990　《汉语描写词汇学》,北京:商务印书馆。又再版,2000年。

吕　澂　1980　《新编汉文大藏经目录》,济南:齐鲁书社。

吕叔湘　1944　文言与白话,《国学杂志》(桂林)3卷第1期。又收入《吕叔湘语文论集》,北京:商务印书馆,1983年。

吕叔湘　1963　现代汉语单双音节问题初探,《中国语文》第1期,又见《吕叔湘文集》第二卷,北京:商务印书馆,1995。

吕叔湘　1980　《现代汉语八百词》,北京:商务印书馆。

吕叔湘　1982　《中国文法要略》,北京:商务印书馆。

吕叔湘　1985　《汉语语法论文集》,北京:商务印书馆。

吕文涛　2019　语言接触视阈下汉语中的日语借词研究,华中师范大学博士学位论文。

罗美珍　2000　论族群互动中的语言接触,《语言研究》第3期。

钱文忠　2007　《天竺与佛陀》,上海:上海书店出版社。

邱　冰　2010　中古汉语词汇双音化研究,《燕山大学学报》(哲学社会科学版)第1期。

邱　冰　2012　《中古汉语词汇复音化的多视角研究》,南京:南京大学出版社。

邱　冰　2014　《汉语大词典》宏观价值探析——以词条首见年代为视角,《宁夏大学学报》(人文社会科学版)第6期。

饶宗颐　1993　《梵学集》,上海:上海古籍出版社。

山田龙城　1984　《梵语佛典导论》,许洋主译,台北:华宇出版社。

史存直　1989　《汉语词汇史纲要》，上海：华东师范大学出版社。

孙昌武　1988　《佛教与中国文学》，上海：上海人民出版社。又再版，2007年。

孙昌武　2018　《佛所行赞》：古代汉语最长的叙事诗，《古典文学知识》第3期、第4期。

孙　凯　2015　禅宗十二祖马鸣 Buddhacarita 的汉语译名和译者考，《法音》第3期。

孙锡信　1992　《汉语历史语法要略》，上海：复旦大学出版社。

太田辰夫　1991　《汉语史通考》，重庆：重庆出版社。

汤用彤　1983　《汉魏两晋南北朝佛教史》，北京：中华书局。

汪维辉　2000　《东汉-隋常用词演变研究》，南京：南京大学出版社。

汪维辉　2003　汉语"说类词"的历史演变与共时分布，《中国语文》第4期。

汪维辉　2014　说"日""月"，《中国语言学报》第6辑。

汪维辉　2017a　汉语核心词的历史与现状研究——以"头-首"为例，《大理大学学报》第5期。

汪维辉　2017b　说"困(睏)"，《古汉语研究》第2期。

汪维辉　2017c　《东汉-隋常用词演变研究(修订本)》，北京：商务印书馆。

汪维辉　2020　汉语史研究要重视语体差异，《南京师范大学文学院学报》第1期。

王春茂、彭聃龄　2000　重复启动作业中词的语义透明度的作用，《心理科学》第2期。

王继红　2004　基于梵汉对勘的佛教汉语语法研究——以《阿毗达磨俱舍论·分别界品》为例，北京大学博士学位论文。

王继红　2006　语言接触与佛教汉语研究，《安阳工学院学报》第3期。

王　力　1980　《汉语史稿》，北京：中华书局。又再版，2001年。

王丽娜　2014　佛教传记文学研究史及相关问题刍议，《世界宗教文化》第 5 期。

王丽娜 2016 《汉译佛典偈颂研究》，北京：商务印书馆。

王小莘 1998 试论中古汉语词汇的同步引申现象，《南开学报》第 4 期。

望月信亨 1986 《中国净土教理史》，释印海译，台北：华宇出版社。

魏培泉 2000 东汉魏晋南北朝在语法史上的地位，《汉学研究》第 18 卷特刊。又收入朱庆之编《中古汉语研究》(二)，北京：商务印书馆，2005 年。

巫白慧 1958 "佛所行赞"的梵文校本，《现代佛学》第 6 期。

吴福祥 2007 关于语言接触引发的演变，《民族语文》第 2 期。

吴海勇 1999 《中古汉译佛经叙事文学研究》，《法藏文库》60，佛光山文教基金会。

伍宗文 2001 先秦汉语复音词研究，成都：巴蜀书社。

小野玄妙 1983 《佛教经典总论》，杨白衣译，台北：新文丰出版公司。

向 熹 1993 《简明汉语史》，北京：高等教育出版社。

萧振士 2014 《中国佛教文化简明辞典》，北京：世界图书出版公司。

辛岛静志 1997 汉译佛典的语言研究，《俗语言研究》第 4 期。

辛岛静志 1998a 汉译佛典的语言研究(二)，《俗语言研究》第 5 期。

辛岛静志 1998b 《正法华经词典》，东京：创价大学国际佛学高等研究所。

辛岛静志 1999 "大阿弥陀"译注(一)，《日本佛教大学综合研究所纪要》第 6 号。

辛岛静志 2001a 《妙法莲花经词典》，东京：创价大学国际佛学高等研究所。

徐朝红、吴福祥 2015 从类同副词到并列连词——中古译经中虚词"亦"的语义演变，《中国语文》第 1 期。

徐国庆 1999 《现代汉语词汇系统论》，北京：北京大学出版社。

许理和　1959　《佛教征服中国》，李四龙译，南京：江苏人民出版社，1999 年。

许理和　1987　最早的佛经译文中的东汉口语成分，蒋绍愚译，《语言学论丛》，第 14 辑，北京：商务印书馆。

颜洽茂　1997　《佛经语言阐释——中古佛经词汇研究》，杭州：杭州大学出版社。

姚名达　2002　《中国目录学史》，台北：台湾商务印书馆。

野上俊静　1949　《无量寿经》汉译考，《日本佛教学会年报》第 15 号。

俞理明　1993　《佛经文献语言》，成都：巴蜀书社。

俞理明、顾满林　2013　《东汉佛道文献词汇新质研究》，北京：商务印书馆。

余志鸿　2000　语言接触与语言结构的变异，《民族语文》第 4 期。

遇笑容　2002　中古译经中的语言接触与语法变化，汉文佛典语言学国际学术研讨会论文，台湾。

遇笑容　2003　汉语语法史中的语言接触与语法变化，《汉语史学报》第 4 辑。

遇笑容　2006　梵汉对勘与中古译经语法研究，《汉语史学报》第 6 辑。

遇笑容、曹广顺　1998　也从语言上看《六度集经》与《旧杂譬喻经》的译者问题，《古汉语研究》第 2 期。

袁书会　2000　《佛所行赞》与中国文学，《吉首大学学报》(社科版)第 3 期。

袁　焱　2001　《语言接触与语言演变：阿昌语个案调查研究》，北京：民族出版社。

张咏梅、邱冰、张赪　2016　《汉语简史》，北京：北京语言大学出版社。

张永言　1982　《词汇学简论》，武汉：华中工学院出版社。

张永言　2015　《词汇学简论·训诂学简论(增订本)》，上海：复旦大学出版社。

张中行　1988　《文言和白话》,哈尔滨:黑龙江人民出版社。

赵彦春　2005　《翻译学归结论》,上海:上海外语教育出版社。

真大成　2019　利用异文从事汉语史研究应注意的三个问题,《浙江大学学报》(人文社会科学版)第 4 期。

郑国栋　2004　《金光明经·流水长者子品》梵汉对勘,《华林》第 3 卷,北京:中华书局。

志村良治　1995　《中国中世语法史研究》,江蓝生、白维国译,北京:中华书局。

周日荐、王小莘　1998　《〈颜氏家训〉词汇语法研究》,广州:广东人民出版社。

周一良　1948　汉译马鸣《佛所行赞》的名称和译者,《申报文史副刊》第 19 期。

周一良　1963　《魏晋南北朝史论集》,北京:中华书局。

周一良　1998　《周一良集》,沈阳:辽宁教育出版社。

周祖谟　1979/2001　汉语发展的历史,《周祖谟语言学论文集》,北京:商务印书馆。

朱冠明　2005　移植——佛经翻译影响汉语词汇的一种方式,汉语史中的语言接触专题研讨会论文,北京。

朱冠明　2015　佛经翻译中的词义移植补例,《语言研究》第 4 期。

朱庆之　1992a　《佛典与中古汉语词汇研究》,台北:文津出版社。

朱庆之　1992b　试论佛典翻译对中古汉语词汇发展的若干影响,《中国语文》第 4 期。

朱庆之　1993　汉译佛典语文中的原典影响初探,《中国语文》第 5 期。

朱庆之　1995　汉译佛典在原典解读方面的价值举隅——以 KERN 英译《法华经》为例,《学术集林》第 6 辑,上海:上海远东出版社。

朱庆之　2000　佛经翻译中的仿译及其对汉语词汇的影响,《中古近代汉语研究》(第 1 辑),上海:上海教育出版社。

朱庆之　2001　佛教混合汉语初论,《语言学论丛》第 24 辑,北京:商务印书馆。

朱庆之　2003　论佛教对古代汉语词汇发展演变的影响,《普门学报》第 15、16 期,佛光山文教基金会。

朱庆之　2007　语言接触和语言变异——佛教汉语研究的新视角,北京论坛会议论文。

Andrew Spencer & Arnold M. Zwicky. 2007. *The Handbook of Morphology*(《形态学研究指南》). 北京:北京大学出版社。

Bagchi S. 1967. Suvamaprabhāsasūtram: Buddhist Sanskrit Text No. 8. Darbhanga:Mithila Institute of Post Graduate Studies and Research in Sanskrit Learning.

Baker,Monna. 2000. *In Other Words*: *A Coursebook on Translation*(《换言之:翻译教程》).北京:外语教学与研究出版社。

Beal.S. 1883. *Fo-pen-hsing-tsan-king: a life of Buddha*. Oxford: Oxford University Press.

Bernd Heine & Tania Kuteva. 2005. *Language Contace and Grammatical Change*. Cambridge: Cambridge University Press.

Braunmuller K. & House J. 2009. *Convergence and Divergence in Language Contact Situations*. Amsterdam: John Benjamins.

Haugen E. 1951. *The analysis of Linguistic borrowing*. Language, 26.

Johnston E.H. 1936. *The Buddhacarita*, *or acts of the Buddha*. Calcutta: Baptist Mission Press.

Pfandt, Peter (ed.) 1983. *Mahāyāna Texts Translated into Western Languages*. Religionswissenschaftchies Seminar der Universität Bonn.

Roger T.Bell. 2001. *Translation and Translating*: *Theory and Prac-*

tice. 北京:外语教学与研究出版社。

Schotsman Irma. 1995. Aśvaghoṣ*a's Buddhacarita*: *The life of the Buddha*. Varanasi: Central Institute of Higher Tibetan Studies.

Thomason. 2001. *Language Contact*. Edinburgh: Edinburg University Press.

Winternitz Moriz. 1927 *A History of Indian Literature* II. Calcutta: University of Calcutta.

附录：梵汉对勘略语表

	语法范畴	语法术语	略语形式
名词变化	性(Gender)	阳性(masculine)	m.
		中性(neuter)	n.
		阴性(feminine)	f.
	格(Case)	体格(nominative)	1
		业格(accusative)	2
		具格(instrumental)	3
		为格(dative)	4
		从格(ablative)	5
		属格(genitive)	6
		依格(locative)	7
		呼格(vocative)	8
	数(Number)	单数(singular)	s.
		双数(dual)	d.
		复数(plural)	p.
	复合词(Compound)	相违释(dvandva)	cd.
		依主释(tatpuruṣa)	ctp.
		持业释(karmadhāraya)	ck.
		多财释(bahuvrīhi)	cbv.

续 表

	语法范畴	语法术语	略语形式
动词变位	人称(Person)	第一人称(first person)	1.
		第二人称(second person)	2.
		第三人称(third person)	3.
	数(Number)	单数(singular)	s.
		双数(dual)	d.
		复数(plural)	p.
	语态(Voice)	主动语态(active)	a.
		中间语态(middle)	m.
		被动语态(passive)	p.
	时态(Tense)	现在时(Present)	pre.
		未完成时(Imperfect)	imp.
		完成时(Perfect)	pf.
		不定过去时(Aorist)	aor.
		将来时(Future)	fut.
	情态(Mode)	直称式(Indicative)	ind.
		命令式(Imperative)	imv.
		祈愿式(Optative)	opt.
	分词(Participle)	过去被动分词 (Past Passive Participle)	ppp.
		过去主动分词 (Past Active Participle)	pap.
		完成主动分词 (Perfect Active Participle)	pfap.
		完成中间分词 (Perfect Middle Participle)	pfmp
		现在时主动语态分词 (Present Active) Participle)	prap.
		现在时中间语态分词 (Present Middle) Participle)	prmp.
		必要分词(Greundive)	grdv.
		不定式(Infinitive)	inf.
		独立式(Gerund/Absolutive)	abs.

后　记

自2008年博士毕业以来，至今已有十二个年头了。其间由于工作和生活中大大小小的各种事情，不断分心，加上深感自身学识有限，一直将自己的博士论文封存起来。直到近两三年来，在南京大学出版社荣卫红老师的鼓励和支持之下，我将博士学位论文几经修改，终于在2020年这一极不寻常的年份完成了本书。书中仍有诸多遗憾的地方，但努力先拿出一个版本，恳请方家批评指正。

专书词汇研究是做好断代词汇研究乃至整个汉语词汇史研究的前提和基础，本书正是以《佛所行赞》为研究对象进行的专书词汇研究。我首要工作就是尽可能对《佛所行赞》中的词语情况展开穷尽性的描写和分析，反映中古汉语词汇的实际面貌。然而，受到专书作者的语言习惯、专书文体和表达内容等方面的约束，专书词汇使用的情况十分复杂，其中除了一些普遍性特征之外，还会有大量的个性化成分。由于研究对象范围的限制，专书词汇研究在反映时代语言面貌上就存在着天然的和明显的困难。如何克服这种困难，既立足于专书具体的语言材料，又可以折射出共性的时代语言面貌及其规律，就像是从一小块拼图去准确地窥探全幅画面，这是让我一直困惑和思考的问题。

这个问题的思考最早从我博士论文选题开始，直到现在算是有了一些思路和进展。在此过程中，我的博士导师朱庆之先生对我的启发和教导起着极为重要的作用。

我的博士论文从选题到定稿，从宏观的研究方向到具体细节的文字表述，都是在老师的悉心指导下完成的。老师广阔的学术视野，让我明白学术研究不仅需要前瞻性，同时还需要“大气”的精神。“大气”两个字，我粗浅地理解为从更高远的视野、更宏观的层面去展开考察和研究，立足而不拘泥于具体的词汇现象或语料范围。因此，在《佛所行赞》词汇的研究中，尽管基于《佛所行赞》这一小块拼图，但我也尝试考察同时期的汉译佛经文献和中土文献，还要考察不同时期的汉语文献，甚至要考察梵文原典所对应的源头词语，通过这样多视角的考察，最终揭示语言演变中的共性规律。上述研究对象的拓展更需要研究方法的创新和发展。十余年间，我在朱老师的鞭策和鼓励下，不断拓展研究的视野，深化自己对汉语历史词汇演变的理解。本书与原来的博士论文相比，有些章节经过了多次打磨，有些章节则是推倒重来，较为系统地利用了语料库语言学、计量语言学、梵汉对勘、文献考据和校勘等方法，这里面既有传统方法的沿用，也有较为新颖的或是交叉学科的方法。这距离导师在学术研究中所表现出来的“大气”当然还有很大的距离，但十余年间，念兹在兹，况且自己也到了不惑之年，权且交上一份粗浅的答卷。

在本书的结尾，我谨向导师朱庆之先生表达由衷的感激之情。在学业上，老师渊博的知识、严谨认真的治学态度使我受益匪浅。在为人处世上，我也向老师学习良多，他将自己多年的经验与收获倾囊相授，很多成为我日后对待学生和生活的态度。老师经常说的“博士论文不是你学位论文的终点，而是学术生涯的起点”“我的这些不是经验，而是教训”，这些到现在都已经成为我对自己学生的口头禅。在生活上，老师的关心非常细致周到，从各个方面为我们着想。每逢佳节，老师考虑到我们一些学生家庭不在北京，总是把我们组织在一起游玩或聚餐，让我们能够过上一个温暖的节日。总之，在学业、生活等诸多方面，老师都给了我巨大的指导、帮助和关心，能够成为朱老师的学生，我感到非常幸运！

感谢我的硕士导师汪维辉先生，因为我踏上汉语言文字方向的研究之路，完全是受到了汪老师的影响。我 1997 年考入南京大学中文系，由于从小受到当警察的父亲的影响，满腔主持正义的雄心壮志，特别不安分地在中文系学习了一个学期，时刻想着寻找机会转专业。大一下学期，刚刚进入南京大学开展博士后研究的汪老师恰是我《古代汉语》课程的任课教师。老师的认真、谦逊和漂亮的板书，无一不给我留下深刻的印象。大三的时候，每周和邵丹师姐（汪老师的第一名硕士研究生）在老师指导下研读《十三经注疏》，大四保研的时候，我毅然选择汉语言文字的古代汉语方向跟老师继续攻读研究生学位。其实，这个决定初期遭到家人强烈的反对，因为这是一个相对冷门的研究方向。但我当时只想可以跟着这样一位老师继续学习。多年之后，当我自己成为一名老师，站上讲台之后，我才深切感受到，一位老师以他的人格魅力、学识魅力对学生产生深远的影响，这是多么的难能可贵。汪老师主要从事汉语常用词的研究，尽管硕士毕业之后，我并没有继续从事此方向的研究，但是常用词作为汉语词汇的核心部分，我在很多研究或者对学生论文的指导中，都是从常用词作为切入点，这得益于跟随汪老师学习期间夯实的古代汉语研究功底。更为重要的是，汪老师在常用词方面的研究成果为本书对文献语体色彩的量化评价提供了重要的研究基础。

感谢北京大学东语系的段晴老师和高鸿老师。进入北大之前，我从未接触过梵文、印度学和佛学方面的知识，正是您们将我引领入门。从博士一年级起，段老师每个周末都会指导我们做项目。老师不仅在学习上给予我很多帮助，在生活上也对我十分关心。有段时间我得了荨麻疹，段老师发现之后，便要立刻带我去协和医院看病；而第二天诊疗之后，又是段老师第一个给我发短信询问病情。博士论文题目定下来之后，每个周五的下午，高老师都牺牲自己的休息时间，对我进行梵文方面的指导和帮助，很多想法都是在他的启发下产生的。这些点点滴滴的事情，都让我至今感动与难忘。总而言之，没有两位老师的帮助，我的博士论文和后续基于梵汉对勘的研究是不可能顺利进行的。

感谢北京大学的蒋绍愚老师、张联荣老师、陈保亚老师、董秀芳老师、胡敕瑞老师，感谢您们多次参加我攻读博士期间的综合考试、选题报告和预答辩，感谢您们对我平时的学习生活给予的指导和帮助，感谢您们对我的论文工作提出了珍贵的指导意见。

感谢刘爱菊、王继红、周俊勋、朱冠明、帅志嵩、姜南、龚波、吴娟、范慕尤、范晶晶、萨尔吉、叶少勇、张幸、张之峰等，感谢你们在我北大读书期间给予我的帮助和温暖！

还要感谢南京大学出版社的荣卫红老师，在荣老师耐心的鼓励下，我才有勇气将博士论文进行修改，直到最终付梓。

衷心感谢我亲爱的爸爸、妈妈的理解和支持，他们多年来始终如一默默地关心、爱护和支持着我，感谢他们给了我温暖和幸福的家！

最后要感谢我的爱人和儿子，感谢你们对我的爱和包容，你们是我前进和成长的动力！

时光荏苒，十余年间有着艰辛、有着迷惘，也有着豁然、有着快乐，终于一步一个脚印走到今天，不负韶华，未来可期！

邱 冰

于清华园 2020 年 12 月

图书在版编目(CIP)数据

《佛所行赞》词汇研究 / 邱冰著. —南京：南京大学出版社，2020.12

ISBN 978-7-305-24050-8

Ⅰ. ①佛… Ⅱ. ①邱… Ⅲ. ①大乘—佛经②《佛所行赞》—词汇—研究 Ⅳ. ①B942.1

中国版本图书馆 CIP 数据核字(2020)第 263931 号

出版发行 南京大学出版社
社　　址 南京市汉口路 22 号　　邮　编 210093
出 版 人 金鑫荣

书　　名 《佛所行赞》词汇研究
著　　者 邱　冰
责任编辑 荣卫红　　编辑热线 025-83685720

照　　排 南京紫藤制版印务中心
印　　刷 徐州绪权印刷有限公司
开　　本 718×1000 1/16 印张 14.75 字数 205 千
版　　次 2020 年 12 月第 1 版 2020 年 12 月第 1 次印刷
ISBN 978-7-305-24050-8
定　　价 80.00 元

网　　址：http://www.njupco.com
官方微博：http://weibo.com/njupco
官方微信：njupress
销售咨询热线：(025)83594756